애슐리 마델 지음
팀 이르다 옮김

KB065253

1

일러두기
- 본문 홀수 면에 배치된 주는 원저자 주(숫자로 표시), 짝수 면에 배치된 주는 옮긴이 주(■로 표시)입니다.
- 정체성 혹은 개념을 나타내는 용어들의 경우, 각 용어가 하나의 단어임을 나타내고자 띄어쓰기 없이 붙여 번역했습니다. (예 'gender expression'을 '젠더 표현'이 아닌 '젠더표현'으로 번역.)

LGBT+ 첫걸음

애슐리 마델 지음

팀 이르다 옮김

커닝페이퍼

이 장은 『LGBT+ 첫걸음』에 나오는 용어와 정체성의 압축 버전입니다. 저는 이 책이 다루는 수많은 정보를 찾기 쉽게 정리하고 싶었어요. 여기에는 각 용어별 정의가 짧게(정말 짧아요!) 나오며 이 중 대부분의 용어가 찾아보기에 실려 있으므로, 만약 더 알고 싶은 독자들은 찾아보기에 표기된 페이지로 자유롭게 넘어가 살펴보기 바랍니다.

    당신이 LGBTQIA+ 용어의 초보라면, 본문으로 가기 전에 이 장을 우선 훑어보는 것이 좋을 거예요. 물론 나중에 깊이 있는 정의를 알게 되겠지만, 여기선 일단 용어들을 바로 설명할게요. 이 용어들에 대해 최소한의 기본 이해를 갖고 있으면 도움이 될 거예요. 만약 당신이 LGBTQIA+의 전문가라면? 그렇다 해도 누가 정의를 알려주지 않으면 이해할 수 없는 단어를 마주칠 수도 있겠지요. 그때 여기로 돌아오면 돼요.

CAFAB/CAMAB '태어날 때 강제적으로 여성으로 지정됨, 혹은 지정된 사람(coercively assigned female at birth)' 그리고 '태어날 때 강제적으로 남성으로 지정됨, 혹은 지정된 사람(coercively assigned male at birth)'의 약칭.

DFAB/AFAB/FAAB '태어날 때 여성으로 지정됨, 혹은 지정된 사람(designated female at birth/assigned female at birth/female assigned at birth)'의 약칭.▪

DMAB/AMAB/MAAB '태어날 때 남성으로 지정됨, 혹은 지정된 사람(designated male at birth/assigned male at birth/ male assigned at birth)'의 약칭.

Female to Female/FTF 태어날 때 섹스 혹은 젠더가 남성 (male)으로 지정되었지만, 본인의 젠더가 단 한 번도 남성 이었던 적은 없다고 하는 사람.

FTM 'Female To Male', 즉 '여성에서 남성으로'의 약칭.

IAFAB/IAMAB = FAFAB/FAMAB '태어날 때 여성/남성으 로 지정된 인터섹스(Intersex Assigned Female/Male At Birth)' 그리고 '태어날 때 강제로 여성/남성으로 지정됨 (Forcibly Assigned Female/Male At Birth)'의 약칭.

LGBTQIA+ 레즈비언, 게이, 바이섹슈얼, 트랜스젠더, 퀴어/퀘 스처닝, 인터섹스, 에이섹슈얼/에이로맨틱, 그밖에 스트레 이트가 아니거나 시스젠더가 아닌 다른 정체성들을 지칭 하는 말.

Male To Male/MTM 태어날 때 섹스 혹은 젠더가 여성(female) 으로 지정되었지만, 본인의 젠더가 단 한 번도 여성이었던 적은 없다고 하는 사람.

■ 'DFAB/AFAB/FAAB'와 'DMAB/AMAB/MAAB'에 서 designate와 assign의 뜻이 '지정하다'로 유사하다고 판단, 세 약어의 의미가 크게 다르지 않다고 보았다.

MTF 'Male To Female', 즉 '남성에서 여성으로'의 약칭.

검열(Policing) 무엇을 해야 하고 하지 말아야 하는지, 어떻게 정체화하거나 행동하며 스스로를 표현해야 하는지를 지시하는 식으로 타인에게 규범이나 개인적인 믿음을 강요하는 것. 이 책에서 검열은 젠더와 섹슈얼리티의 맥락에서 사용된다. (예 "넌 발레를 할 수 없어, 넌 남자애잖아!" "여자랑 데이트를 해야 레즈비언이라고 할 수 있지!")

게이(Gay) 엄밀히 말해 남성에게 끌리는 남성을 지칭하는 이름표다. 자신과 같거나 비슷한 젠더에 주로 끌리는 사람들을 지칭하기도 한다. 또는 스트레이트가 아닌 모든 이를 위한 포괄적 용어이기도 하다.

교차성(Intersectionality) 개인 혹은 집단의 복합적인 사회적 정체성이나 역할(젠더, 인종, 사회경제적 지위 등)이 상호작용하여, 세계에 대한 경험을 형성해가는 다양한 방식.

규범(Norms) 사회가 전형적이거나 표준이라고 여겨온 행동이자, 그렇게 기대하게 된 행동.

그레이섹슈얼(Graysexual, 회색성애자)/그레이로맨틱(Grayromantic, 회색로맨틱) 매우 낮은 정도로 끌림을 경험하는 사람. 끌림을 경험하더라도 아주 가끔 또는 특정 상황에서만 경험하고, 혹은 본인이 끌림을 경험하는지 확실하지 않

은 사람.▪

그레이젠더(Graygender, 회색젠더) 젠더를 약하게 느끼거나, 스스로의 젠더정체성이나 젠더표현에 대해 다소 무관심한 특성이 있는 정체성.

긍정하다(Affirm) 어떤 것이 진실하거나 옳다는 것을 지지하거나, 입증하거나, 주장함.

낙인(Stigma) 보통 오해나 편견으로 인해 특정한 집단/이름표/정체성에 결부되어 있는 부정적인 연상 혹은 예측. (㉠ 종종 바이섹슈얼들은 욕심 많다거나 성생활이 난잡하거나, 혼란스러워 한다고 낙인찍힌다.)

남성(Man) 남성(man)으로 정체화하는 사람.

내면화(Internalization) 행동이나 태도에 있어서 의식적/무의식적인 학습 혹은 동화.

노마섹슈얼(Nomasexual)/노마로맨틱(Nomaromantic) 남성

▪ 그레이섹슈얼은 대개 무성애 정체성에 가깝다고 판단되며, 한국에서는 '그레이에이섹슈얼/회색무성애자'라는 용어를 주로 사용한다.
▪▪ 이 두 가지 의미 외에도, 본인을 통상적인 의미의 남성 혹은 여성이 아닌 제3의 성별(trois)로 인식한다는 의미도 있다.

(man)이 아닌 이에게 끌리는 사람.

노보섹슈얼(Novosexual)/노보로맨틱(Novoromantic) 본인이 경험하는 젠더(들)에 따라 끌림이 변화하는 사람.

노워마섹슈얼(Nowomasexual)/노워마로맨틱(Nowamaro-mantic) 여성(woman)이 아닌 이에게 끌리는 사람.

논바이너리(Non-binary, 비이분법적인)/엔비(nb) 남성도 여성도 아니거나, 두 젠더가 부분적으로만 존재하거나 혼합되어 있는 등, 섹스/젠더 이분법 밖에 존재하거나 그 바깥에서 정체화하는 것.

뉴트로이스(Neutrois) 젠더가 뉴트럴하거나 중요하지 않은 사람.**

다이아모릭(Diamoric) 개인이 스스로 다이아모릭하다고 정체화할 때는, 본인의 논바이너리 정체성을 강조하고 다른 논바이너리들에게 갖는 끌림 및 그들과의 관계(들)를 강조하기 위함이다. 관계적 측면에서는, 최소 한 명의 논바이너리를 포함하는 관계나 끌림을 다이아모릭하다고 부른다.

대명사(Pronouns) 이 책에서 소개할 대명사는 특정한 사람들을 호명할 때 고유명사 대신 사용하는 단어들이다(예를 들어, he, she, they, ze, e 등). 사회적으로 특정 대명사와 젠더 사이에는 강한 연관성이 있다.

데미섹슈얼(Demisexual, 반성애자)/데미로맨틱(Demiroma-ntic, 반로맨틱) 감정적 유대를 깊게 맺은 사람들에게만 끌림을 경험하는 사람.◾

데미젠더(Demigender) 하나 혹은 그 이상의 젠더와 부분적인 연결감을 갖거나 경험하는 사람.

레즈비언(Lesbian) 다른 여성(women)에게 끌리는 여성. 본인이 여성(womanhood)과 관련된다고 느끼며, 여성에게 끌리는 논바이너리와 젠더퀴어인 경우도 있다.

리시프섹슈얼리티(Recipsexuality, 응답적섹슈얼리티)/리시프로맨티시즘(Recipromanticism, 응답적로맨티시즘) 어떤 이가 당신에게 끌린다는 것을 안 후에야 비로소 그 사람에게 끌림을 느끼는 것.

마섹슈얼리티(Masexuality, 남성애) = 안드로섹슈얼리티(And-

◾ 여기서 '반(demi)'은 '절반의' 혹은 '일부의'라는 뜻이다.

◾◾ 한국에서 이분법적 성별을 지칭할 때 여성 혹은 여자, 남성 혹은 남자를 사용하는 맥락을 뚜렷이 구별하지 않기에 이후 본문에서는 맥락상 자연스러운 단어를 번역어로 선택했다. 참고로, 통상 섹스의 차원에서 구분할 때는 male/female, 젠더의 차원에서는 men/women을 사용한다.

rosexuality)/마로맨티시즘(**Maromanticism, 남성로맨티시즘**) = **안드로로맨티시즘(Androro-manticism)** 남성(men) 혹은 남성성(masculinity)에 끌림.

매버릭(Maverique) 남성(man)과 여성(woman) 두 이분법적 젠더에서 완전히 독립적으로 존재하는 자주적인 젠더의 사람.

맥시젠더(Maxigender) 많은 젠더를 경험하며, 때로는 자신에게 가능한 모든 젠더를 경험하는 사람.

멀티섹슈얼리티(Multisexuality) = **논-모노섹슈얼리티(Non-monosexuality)/멀티로맨티시즘(Multi-romanticism)** = **논-모노로맨티시즘(Non-monoromanticism)** 하나 이상의 젠더에게 끌림.

멀티젠더(Multigender)/폴리젠더(Polygender) 하나 이상의 젠더를 갖거나 경험하는 사람.

모노섹슈얼리티(Monosexuality, 단성애)/모노로맨티시즘(monoromanticism, 단성로맨티시즘) 오직 한 젠더에게 끌림.

바이너리(Binary, 이분법적인) 사회가 섹스와 젠더를 남성(male/men)과 여성(female/women) 단 두 가지로 엄격히 분류하는 방식.■■

바이섹슈얼(Bisexual, 양성애자)/바이로맨틱(Biromantic, 양성로맨틱) 둘 혹은 그 이상의 젠더에게 끌리는 것.

바이젠더(Bigender) 두 젠더를 갖거나 경험하는 사람.[■]

바이큐리어스(Bicurious) 하나 이상의 젠더에게 성적으로/로맨틱하게 끌리는 데 호기심이 있거나, 이들과 성적인/로맨틱한 경험을 하는 데 호기심이 있는 사람.

사회(Society) 특정 지역의 구성원과 법, 관습, 가치, 문화로 이루어진 지배적인 공동체.

삭제(Erasure) 정체성이 불충분하게 재현되거나, 비가시화되거나, 그 존재가 무효화되는 것.

세임젠더러빙(Same gender loving/SGL) 흑인 LGBTQIA+ 사람들을 지칭하는 용어.

■ 바이젠더는 두 가지 젠더를 동시에 경험하기도 하고, 둘을 교대로 경험하기도 한다. 자세한 설명은 140-141쪽 참조.

■■ '생물학적(biological)'은 본문에도 언급되듯이 주관적인 판단이 개입될 수 있는 개념이나, 해당 논의를 전개하기 위해 이 번역어를 사용했다. 자세한 내용은 78-80쪽 참조.

■■■ '스콜리오(skolio)'는 그리스어로 '퀴어'라는 뜻이며, '세테로(cetero)'는 라틴어로 '그밖의'라는 의미다.

섹스(Sex) 한 사람의 생물학적 특징에 기반하여 사회적으로 구성된 분류 시스템. 사회에서 통상적으로 섹스는 남성(male)과 여성(female) 단 두 가지로 분류되며, 각 섹스는 특정한 생물학적 필요조건을 요한다. 그러나 실제 사람들의 생물학적 특징은 사회의 분류와 필요조건보다 훨씬 다양한 경우가 많다. 인터섹스인 사람들이 그 예다.■

섹스지정(Sex assignment)/젠더지정(gender assignment) 아이가 태어났을 때, 주로 성기의 외양을 기준으로 남성(male) 또는 여성(female), 남자(man) 혹은 여자(woman)라고 이름 붙이는 사회의 경향.

스콜리오섹슈얼/스콜리오로맨틱(Skoliosexual/romantic) = 세테로섹슈얼/세테로로맨틱(Ceterosexual/romantic) 논바이너리(엔비) 젠더에게 끌리는 사람.■

~스파이크(-spike) 한 사람의 끌림이 변동을 거듭한다는 것을 보여주는 접미사. 스파이크인 사람들은 끌림을 경험하지 않을 때도 있지만, 그러다 갑자기 강렬하게 끌림(들)을 경험하기도 한다. (용례: 에이스스파이크acespike, 에이로스파이크arospike)

스펙트럼(Spectrum) 섹슈얼리티와 젠더가 견고하다는 주류의 믿음에 대항하는 정체성들의 개념과 모델들. 스펙트럼은 기존에 구축되어 있는 정체성들 외에 다른 정체성들도 존재할 수 있음을 보여준다.

시스젠더/시스(Cisgender/Cis)　태어날 때 지정된 섹스 혹은 젠더가 젠더정체성과 일치하는 사람.

아브로섹슈얼/아브로로맨틱(Abrosexual/romantic)　지향성이 유동적(fluid)이거나 변화하는 사람.

아이디(ID)　'정체화하다(Identify)'를 줄인 말.

아포라젠더(Aporagender)　매우 강렬하고 구체적으로 젠더가 있다고 느끼면서도, 남성(man)과 여성(woman) 그리고 그 사이의 무엇과도 동떨어져 있는 논바이너리 젠더. 구체적인 젠더정체성이자 포괄적 용어다.

안드로지너스(Androgynous)　전통적으로 남성성과 여성성으로 간주되는 특성을 둘 다 가지고 있거나, 남성적이지도 여성적이지도 않거나, 혹은 남성성과 여성성 사이에 위치하는 특성을 지니는 것.

안드로진(Androgyne)　남성(man)이면서 동시에 여성(woman)이거나, 남성과 여성 어느쪽도 아니거나, 남성과 여성 사이 어딘가에 위치하고 있는 논바이너리 젠더.

안드로진섹슈얼/안드로진로맨틱(Androgynesexual/romantic)

안드로지니, 즉 안드로진인 사람에게 끌리는 사람.

앨라이(Ally, 연대자) 스스로를 LGBTQIA+라고 정체화하지는 않지만, LGBTQIA+ 공동체를 적극적으로 지지하는 사람.

엄브렐러텀(Umbrella term, 포괄적 용어) 하나 이상의 정체성/지향성/집단을 집합적으로 설명하거나 지칭하는 단어 혹은 어구. 이 책에 등장하는 포괄적 용어의 상당수는 구체적인 정체성이나 독자적인 정체성을 일컫는 단어로도 사용될 수 있다. (⑩ 젠더퀴어는 젠더비순응적인 많은 젠더정체성과 사람들을 아우르는 포괄적 용어일 뿐만 아니라, 동시에 특정한 젠더정체성이 되기도 한다.)

에이로(Aro) 에이로맨틱 스펙트럼의 모든 정체성에 쓰이는 포괄적 용어. '에이로맨틱(aromantic)'의 약칭이기도 함.

에이로맨틱(Aromantic, 무로맨틱) 로맨틱한 끌림을 거의 느끼지 않거나 전혀 경험하지 않는 사람을 위한 독자적인 정체성 용어 혹은 포괄적 용어.

에이섹슈얼(Asexual, 무성애자) 성적끌림을 거의 느끼지 않거나 전혀 경험하지 않는 사람을 위한 독자적인 정체성 용어 혹은 포괄적 용어.

에이스(Ace) 무성애적 스펙트럼의 모든 정체성에 쓰이는 포괄적 용어. '무성애자(asexual)'의 약칭이기도 함.

에이스플럭스/에이로플럭스(Ace/aroflux) 끌림을 다양한 정도로 경험하는 사람.[■]

에이젠더(Agender, 무젠더)/젠더리스(genderless, 젠더부재) 젠더가 없거나, 젠더뉴트럴이거나, 혹은 자신의(themselves) 젠더 개념을 거부하는 사람.[■■]

엔비(Enby) '논바이너리인 사람(a non-binary person)'을 뜻하는 속어.

여성(Woman) 여성(woman)으로 정체화하는 사람.

오토섹슈얼(Autosexual, 자가성애자)/오토로맨틱(Autoromantic, 자가로맨틱) 성적인/로맨틱한 끌림을 스스로에게 느끼는 것. 혹은 타인과의 성적 활동을 욕망하지 않지만 자신과는 성적으로 친밀한 활동을 즐김.

[■] 에이스플럭스/에이로플럭스는 다양한 정도의 끌림을 느끼는 사람을 뜻하지만, 여기에서 끌림의 변화는 무성애적 스펙트럼에서 일어나곤 한다.

[■■] 여기서의 themselves는 젠더뉴트럴한 단수 용법으로 사용되는 대명사다. 이에 조응하는 단어가 한국어에 없으므로, 본문에서는 영어 병기 없이 한국어의 젠더뉴트럴한 대명사나 고유명사로 번역했다. 젠더뉴트럴 단수 대명사인 they에 대한 더 자세한 내용은 114쪽 참조.

**워마섹슈얼리티(Womasexuality, 여성애) = 진섹슈얼리티(Gyne
　　sexuality)/워마로맨티시즘(Womaromanticism, 여성로
　　맨티시즘) = 진로맨티시즘(Gyneromanticism)** 여성(wo-
　　men) 혹은 여성성에 끌림.

융합하다(Conflate) 서로 다른 두 가지 물질 혹은 관념을 혼합하
　　거나, 섞거나, 연결하거나, 합침.

인정하다(Validate) 어떤 것이 실제이고 타당하다는 것을 인정
　　하거나, 지지하거나, 받아들임.

인터섹스(Intersex) 남성(male) 또는 여성(female)에 대한 사회
　　의 전형적인 정의에 그대로 부합하지는 않는 신체를 지닌
　　이들을 지칭하는 섹스 범주.

인터젠더(Intergender) 이분법적 젠더들 사이에서 정체화하거
　　나, 그 둘을 섞어서 정체화하는 사람.

자기정체화(Self-Identification) 어떤 사람이 스스로에게 알맞
　　거나 자신에게 해당한다고 느끼는 특정한 방식으로 정체
　　화하는 행위.

전유(Appropriation) 본인이나 본인의 문화에서 유래하지 않은
　　것을 마치 본인의 것처럼 빌려 사용하는 것. 이는 제대로
　　된 이해나 신뢰 혹은 허락 없이 이루어진다. (예 할로윈 때

백인이 깃털로 된 머리 장식을 하는 것.)

정상화하다(Normalize) 사회에서 어떤 것을 평범한 것 혹은 자연스러운 것으로 받아들이게 만들다.

제드섹슈얼(Zedsexual, 유성애자) = 알로섹슈얼(Allosexual)/ 제드로맨틱(Zedromantic, 유로맨틱) = 알로로맨틱(Alloromantic) 성적끌림이나 로맨틱끌림을 경험하는 사람.(말하자면 에이스/에이로 스펙트럼상에 없는 사람.)

젠더(Gender) 개인적 맥락에서 젠더란 남성(man)이거나 여성(woman)이거나, 둘 다이거나, 둘 다 아니거나, 둘 사이 어딘가에 있거나, 혹은 아예 다른 존재 상태다. 사회적 맥락에서 젠더는 남성성(masculinity)과 여성성(femininity)에 관한 사회적 관념에 근거한 분류 시스템이다.

젠더논컨포밍(Gender nonconforming, 젠더비순응)/젠더다이버스(Gender diverse, 젠더다양)/젠더베리언트(Gender Variant, 젠더이형)/ 젠더익스팬시브(Gender-expansive, 젠더광범위) 사회의 이분법적 규범과는 다른 방식으로 자신을 정체화하거나 표현하는 사람들을 가리키는 포괄적

■ '젠더뉴트럴'이라는 말에는 ①이분적 젠더 스펙트럼에서 '중립적'인 젠더를 지닌다는 뜻과 ②젠더가 '이분적 젠더와 아무 관련이 없다'라는 두 뜻이 담겨 있다.
■■ '젠더위화감'이나 '젠더경합'으로 번역되기도 한다.

용어이자 기술어들.

젠더뉴트럴(Gender neutral) 중립적인 젠더 혹은 무엇 하나로 특정하기 힘든 젠더를 지닌 것.▌

젠더디스포리아(Gender dysphoria, 성별불쾌감) 태어날 때 지정된 섹스 혹은 젠더가 자신의 젠더와 일치하지 않기에 느끼는 괴로움이나 불행.▌▌

젠더역할(Gender roles) 사회적 규범에 기초하여 남성과 여성에게 허용하거나 기대하는 사회적 역할, 위치, 행동 혹은 책임들.

젠더유포리아(Gender euphoria, 성별충족감) 한 사람이 젠더가 긍정되면서 느끼는 엄청난 행복감 또는 편안함.

젠더인디퍼런트(Gender indifferent, 젠더무관심) 자신의 젠더나 젠더표현에 관심이 없는 것.

젠더정체성(Gender identity) 한 사람이 스스로의 젠더를 어떻게 이해하는지, 사회적 젠더 시스템의 안팎을 어떻게 탐색하는지, 혹은 타인에게 어떻게 인식되기를 바라는지를 전하기 위해 사용하는 정체성의 표지.(혹은 이름표가 붙지 않은 정체성.)

젠더컨퓨전(Gender confusion, 젠더교란자)/젠더펔(Gender f*ck, 젠더까짓것) 자신의 젠더에 일부러 혼란을 야기하는 사람 혹은 그런 혼란을 초래하기를 즐기는 사람.

젠더퀴어(Genderqueer) 본인의 젠더가 사회의 이분법적 젠더 개념에서 벗어나 있거나, 이를 넘어선 사람.

젠더표현(Gender expression) 본인의 젠더를 드러내기.

젠더플럭스(Genderflux) 젠더 경험의 강도가 변화하는 (변동을 거듭하는) 사람.

젠더플루이드(Genderfluid) 변화하는 젠더를 가지는 것.

커뮤니티(Community, 공동체) 이 책에 등장하는 '공동체', 즉 커뮤니티는 공통의 정체성이나 문화 혹은 사회적 목표로 단결된 LGBTQIA+ 사람들과 단체, 이들을 지지하는 사람을 일컫는다.

콰이섹슈얼(Quoisexual)/콰이로맨틱(Quoiromantic) = WTF로맨틱(WTFromantic) 본인이 경험하는 끌림들 간의 차이를 구분할 수 없는 사람. 스스로가 끌림을 경험하는지 여부를 확신하지 못하거나, 로맨틱끌림/성적끌림이 자신과 관련 없다고 생각한다.

퀘스처닝(Questioning) 스스로의 성적/로맨틱지향성이나 젠더
정체성에 대해 확신하지 못하는 것.

퀴어(Queer) 사회적 규범 바깥에 있는 성정체성이나 젠더정체
성을 설명하기 위해 LGBTQIA+ 사람들 일부가 사용하는
포괄적 용어 혹은 정체성. 퀴어라는 용어는 비방하는 말로
사용되었던 역사가 있다. LGBTQIA+ 사람들이 이 용어를
새롭게 정의했지만, 여전히 이 말을 불편하게 여기는 이들
도 있다.

트라이섹슈얼(Trisexual)/트라이로맨틱(Triromantic) 세 가지
젠더에 끌림을 느끼는 사람.

**트라이섹슈얼(Trysexual, 모험적섹슈얼)/트라이로맨틱 (Try-
romantic, 모험적로맨틱)** 성적으로 혹은 로맨틱적으로
시도해보는 데에 개방적인 사람.

트라이젠더(Trigender) 세 가지 젠더를 경험하거나 가지는 사람.

트랜스 남성(Trans man) 태어났을 때는 여성(female)으로 지정
되었고, 현재는 남성(man)인 사람.

트랜스 여성(Trans woman) 태어났을 때는 남성(male)으로 지
정되었고, 현재는 여성(woman)인 사람.

24

트랜스매스큘린(Transmasculine) 태어났을 때는 여성(female)으로 지정되었고, 현재는 주로 남성적인 젠더를 지닌 사람이거나, 스스로가 생각하는 남성적인 방식으로 자신을 표현하는 사람.

트랜스섹슈얼(Transsexual) 태어났을 때 지정된 섹스/젠더와는 상이한 젠더를 지닌 사람. 이 정체성은 특정한 종류의 의학적 트랜지션을 받은 경험이 있거나, 이를 받고자 하는 것과 종종 관련이 있다. 대중적으로 '트랜스젠더(transgender)'라는 용어를 선호하기에, '트랜스섹슈얼'은 지금은 잘 쓰이지 않는 말이 되었다.

트랜스젠더(Transgender)/트랜스(Trans) 태어났을 때 지정된 섹스 또는 젠더가 본인의 젠더정체성과 일치하지 않는 사람을 일컫는 포괄적 용어.

트랜스페미닌(Transfeminine) 태어났을 때는 남성(male)으로 지정되었고, 현재는 주로 여성적인 젠더를 지닌 사람이거나, 스스로가 생각하는 여성적인 방식으로 자신을 표현하는 사람.

■ 팬과 옴니를 구분하기도 한다. 팬섹슈얼과 팬로맨틱의 경우, 모든 젠더에 끌릴 수 있으나 개인마다 선호하는 젠더가 있을 수 있다. 한편 옴니섹슈얼과 옴니로맨틱의 경우, 선호의 차이 없이 모든 젠더에 동일하게 끌린다고 본다.

트랜지션(Transition, 전환) 자신의 젠더를 긍정하거나 성별불쾌감을 완화하기 위해 스스로를 받아들이는 과정 혹은 변화를 추구하는 과정.

특권(Privilege) 다수 집단이나 억압받지 않는 집단에게 자동으로 부여되는 특혜와 기회들. 이러한 특권들은 대개 인지되지 못하거나 당연시되며, 억압받는 집단의 희생을 대가로 한다.

팬섹슈얼(Pansexual, 범성애자)/팬로맨틱(Panromantic, 범로맨틱) = 옴니섹슈얼(Omnisexual)/옴니로맨틱(Omniromantic) 어느 젠더에게든 끌림을 느낄 수 있거나, 모든 젠더에게 끌림을 느낄 수 있는 것.▪

팬젠더(Pangender, 범젠더)/옴니젠더(Omnigender) 많은 젠더, 때로는 모든 젠더를 경험하는 사람.

폴리섹슈얼(Polysexual, 다성애자)/폴리로맨틱(Polyromantic, 다성로맨틱) 다수의 젠더에게 끌림을 느끼되, 반드시 모든 젠더에게 끌림을 느끼지는 않는 사람.

폴리아모리(Polyamory, 다자간사랑) 두 명 이상의 상대와 관계하는 것 혹은 그러한 관계에 대한 욕구. 여느 관계와 마찬가지로 성공적인 지속을 위해서는 소통과 정직, 동의가 필요하다.

~플럭스(-flux) 지향성에 있어, 한 사람이 경험하는 끌림이 양적으로나 그 강도에 있어서 변동을 거듭함을 나타내는 접미사. (용례: 바이플럭스biflux, 트라이플럭스triflux, 폴리플럭스polyflux 등)

~플렉시블(-flexible) 한 젠더에 주로 끌리기는 하지만 예외를 허용하고 인정함을 나타내는 접미사. (용례: 헤테로플렉시블heteroflexible, 호모플렉시블homoflexible 등)

플루이드(Fluid, 유동하는) 고정되지 않고, 변화 가능함.

헤테로섹슈얼(Heterosexual, 이성애자)/헤테로로맨틱(Hetero-romantic, 이성로맨틱)/스트레이트(Straight) 이분법적 젠더 구도 안에서 다른 젠더(즉 남성은 여성, 여성은 남성)에게 끌리는 것.

호모섹슈얼(Homosexual, 동성애자)/호모로맨틱(Homorom-antic, 동성로맨틱) 자신과 같거나 비슷한 젠더(들)에게 끌리는 사람.

들어가며

누가 이 책을 썼을까?

안녕하세요, LGBTQIA+[1]의 세계에 오신 것을 환영합니다. 재미있는 이야기 속으로 뛰어들기에 앞서, 그러니까 이 퀴어 카탈로그 같은 책이 앞으로 다룰 내용이라든지 여러분이 그런 것에 왜 관심을 가져야 하는지 알아보기 전에, 이 프로젝트를 시작하게 만든 건 무엇이고 누구의 도움으로 프로젝트를 완수할 수 있었는지 짧게나마 소개하고 싶습니다.

13년 전 저는 한 손에는 펜, 다른 한 손에는 손전등으로 무장하고 담요를 두른 채로 침대 발치에 앉아 있었어요. 마치 영원과도 같은 긴 시간 동안 일기장을 들여다보던 저는 용기를 끌어모아 자신 없고 떨리는 손글씨로 생애 첫 커밍아웃을 했답니다.

"잘 모르겠지만, 아마도 난 때때로 여자아이들을 좋아하는 것 같다."

사랑스럽지요? 전 11살이었고, 서툴렀고, 수줍었고, 제 비밀을 누설한다는 게 무서웠어요. 결론적으로 7년을 더 그렇게 벽장 속에 갇혀 있었고,▪ 사춘기 시절 여자를 향해 품었던 감정들을 내리누르는 데 저의 에너지를 다 써버렸죠.

안녕, 내 이름은 애슐리 마델▪▪입니다. 여러분 중 몇몇은 유튜브 채널을 통해 저를 알고 있을지도 모르겠군요. 온라인에서 저는 술 취한 상태로 예술이나 공예하기, 약혼자 얼굴에 파이 던지기, 고양이에게 인상적인 드래그 복장 입히기와 같이 온갖 괴상

▪ 벽장 속에 있다: 퀴어 정체성을 가진 사람이 스스로의 정체성을 주변에 이야기하지 않는 상황을 가리켜 비유적으로 쓰는 표현.

▪▪ 지금은 애쉬 하델(Ash Hardell)로 개명했다.

망측한 행동으로 유명해요. 이런 얼빠진 장난들 가운데도, 몇 가지 중요한 기본 주제가 제 채널 전반에 스며들어 있어요. 가장 두드러지는 주제는 LGBTQIA+ 가시화와 교육이지요. 전 특히나 LGBTQIA+ 세계에서 잘못 알려지거나 잘 알려지지 않은 정체성들을 탐구하는 것을 좋아해요. 아마 제가 주변화되고 오해받는 여러 정체성으로 제 자신을 정체화하기 때문이 아닐까 해요.

대학 시절, 충분한 자기 수용을 거듭해온 저는 드디어 일기장 바깥으로 나와 커밍아웃을 할 수 있게 되었답니다. 거의 일 년이 걸리긴 했지만, 여름 방학을 맞이하여 모두가 떠나기 전 (당시 진지하게 만나던 남자 애인을 포함해서) 대학에서 가장 소중한 친구들에게 다음과 같이 털어놓았지요.

> 나는 퀴어 이름표들을
> 좋아하는 건 아니지만,
> 상대방이 멋진 사람이기만 하다면
> 그 사람이 어떤 젠더이건 상관없이
> 누구에게라도 끌릴 수 있어!

진짜 대단했죠. 한편으로는 정말이지 제가 스트레이트가 아니라는 걸 친구들이 이해해주길 바라고 있었지만, 다른 한편에서는 '퀴어' '게이' 또는 '바이섹슈얼'이란 단어들을 피하기 위해 무슨 짓이든 할 태세였어요. 제게는 그런 용어들이 부자연스럽고 답답

I   LGBTQIA+가 무엇을 나타내는지는 커닝페이퍼를 참고하세요!

하고, 솔직히 무섭게 느껴졌어요. 그런 말들에 따라올 고정관념이나 낙인을 직면할 자신이 없었고, 그런 말들이 속하는 공동체의 일원이 되고 싶은지도 확실치 않았어요.[2]

그러다가 인터넷에서 LGBTQIA+ 세계를 발견하고는 <u>모든 것</u>이 바뀌었어요. 시작은 유튜브에 있는 몇 안 되는 커밍아웃 비디오들이었어요. 당시 제 삶에서 LGBTQIA+ 관련 롤 모델이 별로 없던 터라 이 유튜버들로 그 허전함을 채웠지요. 흥미로운 경험이었어요. 살면서 처음으로 섹슈얼리티를 이유로 사람들과 깊은 유대감을 느낄 수 있었거든요. 마침내 LGBTQIA+ 커뮤니티의 일원이 되어 좋은 점들을 이해하게 되었어요. LGBTQIA+ 공동체는 규범에서 벗어난 사람들에게 이해와 수용의 감정을 선사하는 곳이었어요. 이러한 깨달음은 LGBTQIA+ 바깥 세계에서 느끼던 계속되는 단절과 미묘한 고립감을 완화하도록 도와주었지요. 순식간에 저는 가능성들과 소속감이 약속된 장밋빛 미래를 꿈꿀 수 있었어요.

이처럼 새로운 인연을 맺게 되었다는 사실 외에도, 커뮤니티에 있는 분들이 놀라울 정도로 정답고, 배려하고, 힘을 주는 사람들임을 알게 되었어요. 그분들은 스스로에 대해 깊이 이해하고 있을 뿐만 아니라, 다른 사람들의 정체성에 대해서도 훌륭하고 공감 어린 호기심을 품고 있었어요. 이러한 태도는 제게 자극이 되었죠.

이토록 사랑 넘치고 마음이 열린 사람들의 네트워크에 속하고 싶었고, 그렇게 LGBTQIA+ 이슈들에 대한 제 관심은 재빠

■ 애슐리는 집필 당시 애인이던 그레이스와 2016년 결혼했다.

르게 치솟았답니다. 그후 책과 블로그, 다큐멘터리, 팟캐스트 등
손에 쥘 수 있는 퀴어 관련의 모든 것을 탐독하는 저를 발견하게
되었어요. 전에는 이처럼 무료 LGBTQIA+ 자료가 풍성한 줄도
몰랐는데, 단지 검색창에 키워드 몇 개만 적어 넣으면 이런 자료
들을 접할 수 있었던 거죠. 이토록 풍부하고 새로운 지식이 저를
바꾸어놓았어요. 전 더 이상 머뭇거리고, 자신 없고, 퀴어 이름표
를 두려워하던 예전의 애슐리가 아니었어요. 제게 맞는 아주 게이
스러운 용어들 덕분에 스스로의 역량을 키울 수 있었고, 자신감을
가지게 되었고, 들떴답니다!

　　5년의 시간과 새로운 고양이 두 마리, 미래의 와이프▪ 그리
고 최근 시도한 과감한 쇼트커트까지. 여전히 제가 그렇다고 말씀
드릴 수 있어 행복하네요. 솔직히 지금까지 서만큼 이름표와 언어

2　　으……, 내면화된 동성애공포증(#InternalizedHomo-
phobia)이죠. 내면화에 대해 더 알아보려면 커밍페이퍼
와 92-94쪽을 참조하세요!

의 힘에 열광하는 사람을 만나보지 못한 것 같아요. 만일 여러분이 제 정체성을 최대한 엄밀하게 설명해보라고 한다면 저는 아마이렇게 대답할 거예요.

"저는 애슐리고요. 엄청나게 유동적이고 퀴어한 사람이고요. 바이, 팬, 멀티섹슈얼이라는 단어들을 서로 교차해가며 편안하게 사용할 수 있는 사람이에요. 저의 로맨틱지향성은 데미-호모플렉시블이고요, 여성(woman)과 에이젠더의 사이에 자리하고있으면서 계속 고민을 하는 퀘스처닝 젠더라고 할 수 있어요. 현재 제가 스스로에게 실험 중인 단어들로는 논바이너리, 젠더뉴트럴, 바이젠더, 데미걸, 젠더플루이드, 젠더퀴어, 젠더플럭스가 있어요. 또 저는 한 사람과의 관계를 선호해요."

휴! 이 용어들이 무슨 의미인지 잘 모르겠다고요? 걱정은금물. 곧 알게 될 거예요!

저 자신의 역량과 조사에 더하여, 아주 운이 좋게도 풍부한 지식을 가진 전문가 팀과 함께할 수 있었어요. 이분들은 책에 나오는정보들의 사실 관계를 확인하고 편집 및 검토를 해주셨어요. 이멋진 단체 중 몇몇만 소개를 해볼게요.

- 트랜스 학생 교육 자원(Trans Student Educational Resources, TSER): TSER은 젊은 세대 중심으로 운영되는 기관으로, 트랜스와 젠더비순응 학생들을 위한 지지와 역량

- ■ 영어로 출판된 훌륭한 독립출판물에 수여하는 상.
- ■■ 평등과 인권에 공헌한 LGBT 인물들을 기리고자 만들어진 리스트.

강화를 통해 교육 환경을 개조하는 일에 헌신하고 있습니다. 엘리 얼릭은 이곳 소속 멤버이면서 퀴어 트랜스 여성이자 활동가, 조직 책임자이고, 이 책의 에디터입니다. 엘리의 작업과 글들은 트랜스와 퀴어 조직, 젊은 세대, 교육, 정체성, 미디어, 그리고 병리학에 집중되어 있습니다.

• 젠더 스펙트럼(Gender Spectrum): 모든 어린이와 청소년은 무엇이 그들의 젠더에 허용되고 적절한지에 대한 젠더의 좁은 정의에 영향을 받습니다. 젠더 스펙트럼은 모든 청년을 위한 좀 더 포괄적인 장을 마련하고자 하는 취지에서, 청년과 젠더 관련 주제들에 대한 이해를 높이고자 노력합니다. 이 책 에디터 중 한 명인 리사 케니가 젠더 스펙트럼의 중역입니다.

• 『젠더 북(The Gender Book)』: 이 책은 IPPY상▪을 수상했으며 다수의 지원금을 얻었고, 2015년에는 레인보우 리스트(Rainbow list)▪▪에 선정된 환상적인 젠더 자료입니다. 『젠더 북』 출신의 멜 레이프가 이 책의 에디터로 참여해주었어요. 멜은 아티스트이자 일러스트레이터로, 텍사스에 거주하는 동안 친구들과 전면 컬러 삽화 형식으로 된 젠더 101을 작업한 바 있습니다.

• 에브리원 이즈 게이(Everyone Is Gay): 이 단체는 LGBTQIA+ 젊은이들의 삶을 지원하기 위해 세 가지 방식으로 접근하고 있습니다. 먼저 이들은 커밍아웃부터 관계,

정체성에 관해 솔직하고 가끔은 유머러스한 조언을 해줍니다. 또 하나는 배려하고 공감하는 학교 환경을 조성하기 위해 전국적으로 학생들과 소통하는 일입니다. 마지막 하나는 계속되는 대화와 보다 깊은 이해를 촉진하기 위해 LGBTQIA+인 사람들의 가족과 함께 일하는 것입니다. 에브리원 이즈 게이의 CEO이면서 편집장이기도 한 크리스틴 루소가 이 책의 에디터로 참여해주었어요.

물론, 블로거 분들의 도움을 빼놓을 수 없습니다. 이분들 없이 이처럼 상세한 LGBTQIA+ 정체성 가이드는 만들지 못했을 거예요. 저는 블로그 공간이 공동체의 진솔한 목소리를 들을 수 있는 장소라고 생각해요. 이 블로그들이야말로 수백 가지의 LGBTQIA+ 정체성이 탄생한 장소이고, 모두를 포괄하면서 편안한 용어를 위하여 지속적으로 언어에 대해 의문을 가지고, 비틀고, 다듬는 공동체들이지요. 그렇기에 제가 최고로 좋아하는 LGBTQIA+ 웹 마법사들을 소환해 책의 내용을 검토해줄 것을 부탁했어요. 여기, 그분들을 소개합니다!

- 「퀴어애즈캣(QueerAsCat)」의 베스퍼: 베스퍼는 흑인이자, 퀴어, 논바이너리, 무성애자인 비디오 로거이면서, 텀블러와 유튜브에 '퀴어 애즈 캣'으로 알려진 블로거이기도 합니다. 섹슈얼리티와 젠더, 인종의 교차에 대한 인식을 높이고자 분투 중이고요. 또한 베스퍼 본인처럼 이러한 교차성의 십자선상에 위치한 사람들을 가시화하고 재현하고자 열심입니다.

- 「게이라이츠(GayWrites)」의 카밀 베레딕: 카밀은 텀블러와 유튜브에서 '게이라이츠'로 알려진 퀴어 작가이자 블로거, 비디오 로거예요. LGBTQIA+ 운동의 모든 면에 열정적이고, 특히 바이섹슈얼 공동체, 포괄적인 미디어와 저널리즘, 정치에서의 LGBTQIA+ 이슈들에 관심을 갖고 있습니다. 뉴욕에 거주하고 있어요.

- 「인터섹스피리언즈(Intersexperiences)」의 에밀리 퀸: 에밀리는 아티스트이자 애니메이터로, MTV에서 자신이 인터섹스임을 커밍아웃하기 전에는 카툰 네트워크 애니메이션 「어드벤처 타임(Adventure Time)」에 참여했어요. 에밀리는 현재 전업 활동가로, 인터섹스 이슈에 대한 의식을 향상시키는 일을 하고 있어요.

- 라일리 J. 데니스: 라일리는 콘텐츠 크리에이터이자 대중 연설가, 작가, 활동가이면서, 교차적 페미니즘과 퀴어 이슈, 다른 많은 주제에 관한 교육적 성격의 유튜브 채널을 운영하고 있어요. 라일리는 논바이너리이고 트랜스페미닌 레즈비언이면서, 동시에 엄청난 덕후이기도 하답니다. 『해리 포터』와 「포켓몬스터」의 팬이에요.

- 피전: 피전은 시카고 출신 혼혈 라틴계로, 퀴어이자 젠더플루이드, 인터섹스인 활동가입니다. 피전은 특히 유색인 인터섹스들을 위한 해방의 공간을 확보하는 일에 열정적이에요. 웹사이트 「에브리데이 페미니즘(Everyday

Feminism)」이나 트위터, 페이스북 페이지에서 피전을 만날 수 있어요.

- 「뉴트로이스 난센스(Neutrois Nonsense)」의 미카: 미카는 트랜스젠더 정체성을 다루는 작가이자 지지자, 교육가예요. 미카의 웹사이트는 논바이너리 공동체 사이에서 손꼽히는 자료로 통합니다. 미카는 쿠키 은유법▪을 사용하여 유머러스하게 정보를 알려주는 워크숍을 진행하고요, 마지못해서이지만 기자들과 대화를 하고, 지역 학교들에서 자원해 발표를 합니다. 그리고 벽장 이상주의자(closet idealist)이기도 해요. 미카의 사명은 모든 이의 젠더 관련 경험에 긍정적으로 기여하는 것이에요.▪▪

훌륭한 에디터들의 노력에 더해, 이 책에는 이번 프로젝트를 지지하고자 감사하게도 시간과 노력을 쏟아주신 LGBTQIA+ 구성원 마흔여 명의 개인적인 이야기들도 수록되어 있습니다.

결론적으로, 이 책은 정말이지 엄청난 규모의 LGBTQIA+ 구성원들이 다함께 노력한 작품이란 점을 기억해주세요.

이 책에 나오는 모든 정보는 제 자신과 훌륭한 기관들 그리고 온라인상의 일상적인 LGBTQIA+ 공동체들의 시각에서 비판적으로 검토되었어요. 편집자들은 유색인은 물론 게이, 바이, 에

▪ 미카가 강연 중 트랜지션을 초코칩 쿠키 제작 과정에 비유하여 설명한 것을 가리킨다.
▪▪ 여기 소개된 단체와 인물들에 대해 더 알아볼 수 있는 사이트 링크를 책 맨 뒤에 수록했다.

이스, 에이로, 퀴어, 트랜스, 인터섹스, 논바이너리들이고, 개인적인 이야기를 들려준 사람들까지 합치면 이보다 더욱 다양하답니다. 참여자들의 나이도 매우 다양해서 10대 중반에서부터 30대 중반까지 걸쳐 있어요. 이처럼 다양한 개인과 관점을 총망라한 결과물로서 이 책이, 그 어떤 곳에서도 찾을 수 없는 포괄적이고 매우 자세한 LGBTQIA+ 자료가 되기를 바라요.[3]

---

[3]　그렇지만, 어떤 개념이 책에 들어가야 하고 그것들이 어떻게 설명되어야 하는지에 대해서 최종적으로 결정을 내린 건 저였어요. 책의 편집에 도움을 준 사람들이 각 사안에 대해서 항상 동의를 했던 건 당연히 아닙니다. 그러니 책에서 문제가 될 만한 부분이 있다면, 다른 에디터들이 아니라 제게 책임이 있다는 것을 알려드려요.

무엇에 대한 책인가?

이 책의 목표는 간단합니다. 잘못 재현되고 제대로 재현되지 못하고 있는 많은 LGBTQIA+ 정체성과 용어에 주목하며 자세한 길잡이가 되는 거죠. 이 책은 정체성과 용어들 대부분이 다양한 해석의 여지를 내포하고 있다는 점을 인지하고 있고, 이러한 점을 될 수 있는 한 많이 다루고자 했어요. 상세하게 서술한 정의들에 더해, 많은 정체성과 용어들 옆에 유익한 인포그래픽과 온라인 동영상 링크, 실제 인물[4]들의 일화도 나란히 마련되어 있답니다.

왜 이 책이 중요할까?

LGBTQIA+ 일원들에 대한 재현은 형편없이 편향되어 있습니다. 일반 대중의 경우 게이나 레즈비언과 같이 비교적 잘 알려진 LGBTQIA+ 정체성들에 대한 기본 이해는 있을 테지만, 거리를 걷는 사람 아무나 붙잡고 좀더 미묘한 용어들, 예컨대 매버릭이나 젠더플럭스[5]에 대해 설명해달라고 부탁하면 그저 멍한 시선만 돌아올 거예요.

이러한 성적 및 젠더적 다양성에 대한 정보 부족이, 요즘의 미디어에서도 크게 반영되고 있는데요, 이는 LGBTQIA+ 일원들에 대한 고정관념과 진부한 모습만을 전형적으로 비출 뿐입니다. 이처럼 우리 LGBTQIA+ 구성원을 일차원적인 클리셰로만 좁혀버리는 것은 부정확할 뿐만 아니라 문제적이죠. 이러한 태도는 다음과 같은 생각들을 고착화합니다.

- 섹슈얼리티만으로 사람을 판단하려 한다.
  ㉠ "그 남자 게이야. 그것만 알면 돼."
- 지향성에 따라 특정한 행동이나 미적 감각을 기대한다.
  ㉠ "게이들은 여자 같고, 레즈비언들은 남자 같고, 바이들은 문란해. 쯧쯧."
- 젠더정체성에 따라 특정 행동이나 미적 감각을 기대한다.

---

4   모두들 훌륭한 블로그와 비디오 로그를 가지고 있어요. 그러니 이분들이나 이분들의 정체성에 대해서 더 알고 싶다면 언제든지 찾아서 확인할 수 있어요.

5   매버릭(maverique)과 젠더플럭스(genderflux)에 대해 더 알아보려면 106쪽과 116쪽을 참조하세요.

㉠ "트랜스 여성들은 여성스럽고, 트랜스 남성들은 남성스럽고, 젠더뉴트럴인 사람들은 안드로지너스해. 확실해!"

결과적으로 이런 고정관념에 부합하지 않는 LGBTQIA+ 구성원들은, 스스로의 정체성이 타당하지 않다고 느낄 수 있어요. 자신이 충분히 LGBTQIA+ '타입'의 사람으로 '보이지도 않고' '들리지도 않는' 것 같다면서, 계속 벽장에 갇힌 채 혼란스러워하는 청년들의 이야기를 수없이 들어왔어요. 이 친구들은 게이로 '인정' 받을 수 없다[6]고 생각했고, LGBTQIA+ 공동체로부터 거절당할 것이란 걱정도 했대요. 나아가 우리가 보는 모든 게 고정관념을 반영한 묘사들뿐이라면, LGBTQIA+ 공동체에 덜 친숙한 사람들이나 앨라이들이 LGBTQIA+ 일원들에게 보내는 흥미롭고 섬세한 관심은 부정될 것입니다. 그러면 그럴수록 문제적인 고정관념들은 지속되게 마련이에요.

제 개인적 경험으로 말할 것 같으면, TV나 문학 작품에서 저와 연관이 되거나 흥미로운 LGBTQIA+ 캐릭터들을 찾으려 했는데, 결과적으로 다음과 같은 비유밖에 찾지 못해 얼마나 속상했는지 몰라요.

- 항상 쇼핑 생각만 하는 '게이 베프'[7]
- 플란넬로 만든 옷만 고집하는, 기름이 번들번들하고 무례한 레즈비언들[8]
- 정체성을 탐험하고자 하는 열망이 그저 대학 시절 한때일 뿐이라고 확신하는, 지조 없는 바이섹슈얼들
- 또래로부터 고립되고 거부당하는 트랜스젠더 청소년

- 쇼의 재미를 돋우는 정도로나 존재할 뿐인 비호감 드래그 공연가
- 사람들과 연을 끊은 후 용감하게 제 갈 길 가는, 상처 입은 퀴어 주인공들

사실 LGBTQIA+로 살아가는 데에는 엄청나게 다양한 방식이 있어요. 언젠가는 주류 미디어에서도 보다 현실적이고, 복합적이고, 힘을 북돋워주는 LGBTQIA+ 재현이 넘쳐나길 기대해봅니다. 아마도 이렇게요.

- 무성애 스펙트럼 선상에 있는 게이 과학자
- 믿음에 충실한 바이섹슈얼 기독교인
- 고등학교 졸업 전 열리는 댄스 파티인 프롬에서 프롬 킹으로 선발된, 폴리아모리를 추구하는 트랜스인
- 드래그하는 것을 좋아하고, 또 매우 진지하게 여기는 논바이너리 보디빌더
- 젠더 퀘스처닝인 친구가 젠더비순응 스타일을 탐색하게 도와주는, 옷 좀 입어본 레즈비언
- 아버지와 서로 사랑과 존중을 주고받을 수 있을 때까지

---

6   맥더즈잇(MacDoesIt)이 여기에 관해 정말 멋진 비디오를 만들었어요. 링크 http://bit.ly/2cb3FGI

7   사실 이 고정관념이 나쁜 건 아니에요. 저라면 맵시 있는 스타일을 하고 멋지게 웃는 이런 사람이랑 무조건 친구할 거예요. 다만 LGBTQIA+들을 그려내는 방식이 전형적인 것밖에 없는 걸 보니까 실망하게 되는 거죠.

8   솔직히 말하자면, 플란넬은 사실 끝내주죠.

수년에 걸쳐 노력하고 인내하는, 혼혈인 인터섹스 유명 블로거[9]

불행히도, 주류 미디어에서 위와 같은 재현을 볼 수 있으려면 아직 갈 길이 멀다는 두려움이 있어요. 그러므로 이런 식의 삭제와 싸우고 또 LGBTQIA+에 관한 일반 지식을 고양하기 위해, 이 책은 잃어버렸거나 잊힌 정체성들을 가시화하고 이들에게 목소리를 선사하고자 합니다.

누구를 위한 책인가?

이 책은 성적 다양성과 젠더 다양성에 관해서 배우고자 하는 모두를 위한 것입니다. 그럼에도 불구하고, 저는 책을 쓰면서 두 부류의 독자 분들을 염두에 두었어요.

첫 번째로는 '본인의 이름표를 찾는' LGBTQIA+ 사람들이에요. 적절한 자료나 교육 없이는 엄청나게 다양한 정체성이 존재한다는 걸 알기 어렵잖아요. 한 개인의 정체성이 너무 복합적이어서 그 어떤 주류 정체성 표지에도 들어맞지 않는 경우 역시 충분히 있을 수 있답니다. 자기 정체성을 언어로 표현하는 방식을 모를 때 고립과 좌절을 느낄 수 있어요. 적절하게 사용되기만 한다면, 언어는 사람들의 정체성을 인정하게 만들고 공동체적 결속감을 부여하는 힘을 발휘하지요.[10]

자신의 이름표를 찾는 사람들 외에도, 이 책은 정체성에 대한 추가적인 지식을 익히고 싶어하는 앨라이들과 LGBTQIA+ 구성원들을 위한 것이기도 하답니다. 좌우지간 지식은 받아들임의 중요한 부분이에요. 새로운 정체성들을 배운다는 건 인류에 대한 우리의 이해를 넓혀주고, 공감력을 길러주고, 다르고 가치 있는 관점을 통해 세계를 볼 수 있도록 해줍니다. 덧붙이자면, 이 책의 언어들은 끌림과 정체성을 묘사하는 데 필요한 섬세함을 갖게 해줄 텐데요, 이처럼 효율적이고도 광범위한 단어 목록을 갖게 되어서 나쁠 게 절대 없답니다!

---

9   '인터섹스'가 된다는 게 무엇을 의미하는지는, 79쪽을 참조하세요.

10   146쪽에 나오는 베스퍼의 이야기가 아주 좋은 예시예요.

책 사용법

비록 이 책이 정말이지 (사람들의 존재를 밝히는 데 도움이 되고 이들이 공동체를 찾는 데 사용되길 바라는) 수많은 이름표로 가득 차 있지만, 이 용어들이 정체성을 <u>규정하는</u> 자료가 아니라 정체성 을 <u>기술해주는</u> 자료라는 것을 명심해야 합니다. 이 책에서는 누군 가에게 특정 이름표를 강요할 의도가 전혀 없고, 뿐만 아니라 여 러분 역시도 당사자의 동의 없이는 누군가에게 특정 이름표를 부 착해서는 안 됩니다. 이 책은 정체성들을 검열하거나 정체성 상자 안에 끼워 맞추기 위한 무기가 아니라, 그저 다양한 정체성을 배 우는 것에 흥미가 있는 사람들을 위한 용어집이에요.

나아가 우리는 각각의 정체성이 무엇인지와 그것이 어떻 게 정의되는지에 대해서, 모든 사람의 생각이 일치하지 않을 수 있다는 점을 인정해야 해요.(그리고 일치하지 않아도 괜찮아요.) 거의 모든 정체성이 하나 이상(혹은 둘, 셋, 넷, 더 나아가 스무 가 지!)의 해석을 가지고 있고, 이 책은 각각의 정체성이 무엇을 의미 하는지에 대해 가장 흔한 몇 가지 관점만을 단순하게 제시하고 있 을 뿐이랍니다.

덧붙이자면, 많은 정체성 표지에 대한 대중의 견해가 시간 에 따라 변할 수 있다는 걸 알아둘 필요도 있어요. 예를 들어 '트랜 스젠더'라는 용어는 1960년대 전까지 영어에서 사용되지 않았죠. 그 이전에는 '퀸즈(queens)'나 '트랜스섹슈얼즈(transsexuals)'로 종종 정체화했어요. 이제는 많은 이가 이러한 용어가 트랜스인 사 람들을 모욕적으로 나타내는 용어라고 생각합니다.[11] 이러한 개 념들에 대한 우리의 언어와 이해는 계속해서 변화하고 있고, 그건 정말이지 신나는 일이에요. 사람들이 끊임없이 배우고 또 분석하고 있다는 뜻이니까요.

그럼에도 불구하고, 혹 여러분이 이 책에서 자기 것이라고 생각되는 용어를 찾았다면 멋진 일이에요. 또 그렇지 않더라도 문제없답니다. 한 개인이 스스로를 특정 정체성으로 호명하거나 호명하지 않는 데에는 정말로 다양한 이유가 있으니까요. 예를 들어 볼까요.

- 너무 유동적이라서 단 하나의 정체성 표지에 들어갈 수 없다.
- 존재하는 그 어떤 이름표도 자신의 정체성을 완전히 포착하지는 못한다고 느낀다.
- 본인의 정체성이 여전히 형성되는 중이며, 너무 성급하게 어떤 한 수식어로 결론을 내버리기를 원치 않는다.
- 특정 이름표들에 부착된 낙인 혹은 기대를 피하고 싶다.
- 자신이 누구인지 사회에 설명해야 할 의무가 없다고 생각한다. 정체성은 사적인 정보니까.
- 모든 사람을 분류해서 상자에 넣어버리는 사회의 경향에 맞서는 것을 해방적으로 느낀다.
- 마지막으로, 그저 스스로에게 어떤 정체성 표지도 부착하고 싶지 않다. 정말이지 그 이유뿐이다. 그렇게 하기 싫고, 그렇게 할 필요도 없다. 이상 끝!

---

11 그렇지만 어떤 사람들은 여전히 이런 용어들로 자신들을 정체화해요. 그렇게 하는 것이 그들에게 편한 방법이라면 당연히 괜찮은 거죠.

정체성 표지를 사용하거나 하지 않겠다는 개인의 결정은 완전히 사적이고, 유효하고, 또한 타인들로부터 존중받아야 합니다.

알아둘 점

시작하기 전 마지막으로 한 가지 주의를 드립니다. 활동은 까다롭고, 정체성들은 복잡하죠. 책을 읽다 보면, 높은 확률로 (사실상 거의 무조건) 저나 제 팀이 실수를 한 부분을 발견하실 거예요. 그럴 경우 ashleymardellbook.tumblr.com으로 여러분의 비판을 보내주세요. 더 많이 배우고 싶은 분들을 위해서, 보내주신 비판과 답변들을 온라인 자료 형식으로 깔끔하게 정리하도록 최선을 다하겠습니다. 이제, 다 함께 출발해볼까요.

Part 1:
스펙트럼

성적정체성과 로맨틱정체성, 젠더정체성의 세부 사항들에 깊이 파고들기 전에, 제가 무엇보다 좋아하는 주제를 다뤄보도록 해요. 스펙트럼! 제가 스펙트럼에 깊은 애정을 갖는 이유는 이 세상을 흑백으로 나눌 수 없다고 매우 강력하게 믿기 때문이에요. 스펙트럼은 회색 지대와 애매모호하고 유동적인 부분을 아우르지요. 이런 것들이 모두 인간의 경험에 있어서 필수적인 개념이기 때문에, 스펙트럼이 정체성을 이해하고 설명하는 데 특별히 유용하다고 여깁니다. 뿐만 아니라 매우 특별한 이유로, 이 이야기로 책을 시작하기로 했어요. 바로 우리가 다양한 정체성을 이해하는 데 있어서, 정체성이 '모 아니면 도'의 개념이 아니라는 것을 인식하는 게 중요하기 때문이에요. 많은 정체성은 다양한 수준에서 존재할 수 있고, 다양하게 생겨날 수 있습니다. 이를 기억하는 것은 우리가 앞으로 나아가는 데 있어 대단히 중요합니다.

　　　본래 스펙트럼은 정체성들을 복합적인 방식으로 이해하도록 돕는 도구이자 개념이에요. 이 스펙트럼들을 종종 우리의 다양한 정체성을 재현하고 나타낼 수 있는 시각적 보조물로 간주하기도 해요. 많은 스타일 중에서 가장 널리 쓰이는 것은 선형 모델입니다. 이러한 형식의 스펙트럼에는 두 개의 끝점이 있고 그 사이에 커다란 공간이 있어요. 흔히 선형 스펙트럼을 이용해 표현하는 경험은 한 사람이 성적끌림을 경험하는 정도를 나타낸 것입니다. 아마 이렇게 생겼을 거예요.[1]

---

[1]　사실 이런 식으로 묘사하는 데는 한계가 있어요. 이는 성적끌림의 경험을 표현하는 데 있어 완벽하지 않기 때문에, 좀 더 정확하게 묘사할 수 있는 다른 형식의 스펙트럼을 곧 다룰 겁니다.

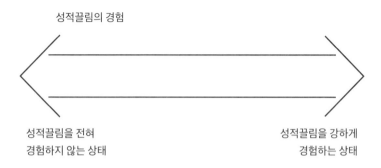

이렇게 시각화된 자료를 해석하는 방법은 아주 간단해요. 맨 왼쪽에 있는 사람은 성적끌림을 전혀 느끼지 않고(에이섹슈얼[2]), 맨 오른쪽에 있는 사람은 성적끌림을 많이 경험하지요(제드섹슈얼[3]). 이런 정체성들을 표시하면 다음과 같을 거예요.

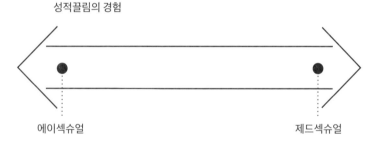

그런데 완벽하게 에이섹슈얼이라고 혹은 확실한 제드섹슈얼이라고 느끼지 않는 사람들은 어떻게 하죠? 자, 그게 바로 가운데에 공간이 있는 이유입니다. 어떤 사람은 스스로가 아마도 무성애적인 지점과 스펙트럼 중간 지점 사이 어딘가에 있다고 느낄 수 있어요. 이게 흔히 그레이섹슈얼리티[4]라고 불리는 것이고, 이 정체성을 스펙트럼 위에 나타내는 방법 하나는 이런 식일 거예요.

성적끌림의 경험

때와 상황에 따라 스펙트럼의 모든 부분에서 움직이고 있다고 느끼는 사람도 어쩌면 있을 수 있죠. 이 사람은 스스로를 에이스플럭스[5]로 정체화할지도 몰라요. 이 정체성을 스펙트럼 위에 나타내는 방법 하나는 이런 식일 거예요.

성적끌림의 경험

---

2   에이섹슈얼에 대한 자세한 설명은 219쪽에 있어요.

3   제드섹슈얼에 대해 더 많은 정보를 보려면 222쪽으로!

4   그레이섹슈얼은 끌림을 낮은 정도로 경험하는 사람을 말해요. 이들은 특정한 상황에서만 끌림을 경험하거나, 스스로가 끌림을 경험하는지에 확신이 없습니다. 더 알고 싶다면 224쪽을 보세요.

5   에이스플럭스는 다양한 정도의 끌림을 경험하는 사람입니다. 더 알고 싶다면 229쪽을 보세요.

아니면 어떤 사람은 어쩌면 정기적으로 성적끌림을 경험하지만, 엄청 높은 정도로 느끼지는 않을 수 있어요. 그런 사람은 이렇게 보일 거예요.

성적끌림의 경험

성적끌림을 경험하나,
그 정도가 그리 크지 않은 사람

정체성들을 해석하는 것과 다른 사람들이 이를 설명하는 방법은 엄청나게 다양할 수 있어요. 본인이 제일 적절하다고 느끼는 방식으로 스스로를 표현하기 위해, 사람들은 각자의 스펙트럼을 새로 그려야 할지도 몰라요. 어떤 사람들은 자신의 스펙트럼에 괄호를 그려 넣기도 하고, 특정한 지점을 표시하기도 하고, 화살표를 끼적여놓거나 다른 수많은 일을 할 수 있겠죠. 따지고 보면 규칙은 없어요. 한 사람이 본인의 스펙트럼을 어떻게 그리고, 본인을 어떻게 표시해놓는지는 전적으로 그 사람에게 달린 일입니다. 오직 본인만이 최고의 방법을 알고 있지요.

그림으로 예를 들어볼까요. 다섯 명의 사람이 같은 스펙트럼 위에 각자의 위치를 표시하는 경우를 생각해보겠습니다. 이들 다섯은 각각 앞에서 언급된 정체성 중 하나라고 주장하는 사람들이에요(에이섹슈얼, 그레이섹슈얼, 에이스플럭스, 제드섹슈얼, 성적끌림을 경험하지만 그 정도가 그리 크지 않은 사람). 이들이 배치된 세 가지 경우의 수는 다음과 같이 나타날 수 있을 거예요.

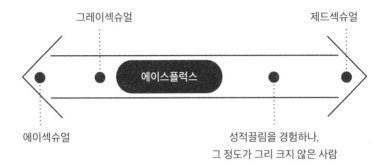

예시 1

- 에이섹슈얼: "왼쪽 맨 끝이 스펙트럼에서 제가 속하는 곳이에요."

- 그레이섹슈얼: "제 그레이섹슈얼리티가 꽤 고정되어 있기 때문에 하나의 점을 사용했어요. 저는 끌림을 적게 느껴요."

- 에이스플럭스: "제 에이스플럭스 정체성이 거의 끌림을 느끼지 않는 상태와 중간 정도의 끌림을 느끼는 상태의 사이에 있다는 것을 나타내기 위해 영역처럼 표시했어요."

- 성적끌림을 경험하나, 그 정도가 그리 크지 않은 사람: "스펙트럼 중 제가 속하는 곳에 적당히 표시했어요. 중간보다 조금 높죠. 저는 분명히 성적끌림을 느끼지만 아주 많이는 아니에요."

- 제드섹슈얼: "저는 완전히 스펙트럼의 끝에 속해요. 저의 어떤 부분도 무성애적이지 않아요."

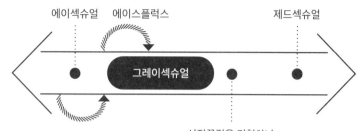

예시 2

- 에이섹슈얼: "전 스펙트럼의 제일 끝은 아니에요. 아주 약간의 끌림을 경험하긴 하지만 여전히 스스로를 에이섹슈얼이라고 생각해요."

- 에이스플럭스: "역동적인 화살표를 통해 제 끌림이 얼마나 격하게 변화하는지를 볼 수 있어요! 이 화살표들은 끌림을 하나도 느끼지 않는 점부터 일정 정도의 끌림까지를 나타내요. 어느 정도 이상의 끌림은 느끼지 않아요."

- 그레이섹슈얼: "저의 그레이섹슈얼리티는 단 하나의 지점에 표시할 수가 없어요. 스펙트럼의 중간쯤에 제 끌림의 정도를 영역으로 표시했어요."

- 성적끌림을 경험하나, 그 정도가 그리 크지 않은 사람: "저는 끌림을 조금 느끼지만 가끔은 이 끌림이 대다수의 사람만큼은 아니라고 느껴요. 이걸 스펙트럼에 한 지점으로 표시했어요."

- 제드섹슈얼: "제가 아는 사람들만큼 끌림을 경험하지 않는다고 생각하지만, 분명히 끌림을 느껴요. 그리고 여전히 스스로가 제드섹슈얼이라고 느껴요."

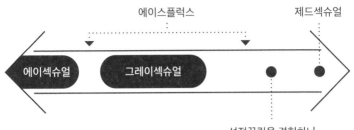

에이스플러스

제드섹슈얼

에이섹슈얼

그레이섹슈얼

성적끌림을 경험하나,
그 정도가 그리 크지 않은 사람

예시 3

- 에이섹슈얼: "제가 경험하는 끌림의 정도는 가끔 변해요. 그렇지만 절대 최소량 이상은 느끼지 않아요. 그래서 제 정체성을 표현하기 위해 스펙트럼의 왼쪽 끝을 칠해버렸죠."

- 에이스플러스: "저는 층위로 봤을 때 두 가지 끌림만을 경험하고요, 이 사이에서 변화를 거듭합니다. 스펙트럼에다 이 두 층위를 나타내는 화살표를 그렸어요."

- 그레이섹슈얼: "어느 정도의 끌림을 느끼는지 항상 완전히 아는 건 아니에요. 그렇지만 제 끌림의 정도는 스펙트럼 위에 표시한 영역의 어딘가예요."

- 성적끌림을 경험하나, 그 정도가 그리 크지 않은 사람: "이 점이 성적끌림의 스펙트럼에서 제가 위치하는 곳이에요."

- 제드섹슈얼: "제 정체성은 꽤 간단해요. 상당한 정도의 성적끌림을 경험하죠. 그래서 맨 오른쪽에 표시했어요."

그렇지만 지금까지 봐온 것과 같은 선형 모델에는 한계가 있습니다. 보통 이 모델은 너무도 일차원적이라 정체성을 둘러싼 모든 복잡한 특징을 정밀하게 묘사하기 어려워요. 예를 들어 젠더를 생각해보세요. 여러분이 '젠더정체성 스펙트럼'을 인터넷에서 잠깐 검색해본다면, 양 끝이 '남성(man)'과 '여성(woman)'으로 표시되어 있는 수백 개의 선형 모델을 찾게 될 거예요. 이는 우리 사회가 이분법적인 렌즈를 통해서 젠더를 이해하기 때문이며, 남성이나 여성을 넘어서는 정체성을 인식하지 못하기 때문이지요.

　　그렇지만 사회가 뭔가 놓치고 있는 거죠! 넘칠 만큼 많은 젠더가 존재하고 이러한 젠더들은 남성이 되거나 여성이 되는 것과는 아무런 관련이 없어요. 그렇기에 양쪽 끝점이 여성과 남성으로 설정된 선형 모델 위에만 정체성을 표시하는 방식이 얼마나 부정확한지는 쉽게 알 수 있지요. 무엇보다 당사자가 본인의 정체성이 '남성'과 '여성' 중 어느 쪽과도 접점이 없다고 느끼는데 이 사람을 이 두 점 사이에 위치시키는 것은 말이 되지 않아요.

　　선형 모델에 대한 대안은 컬러 휠(color wheel)이에요. 이 시각 자료에서 서로 다른 부분은 각양각색의 정체성을 나타내고, 어우러지는 색채들은 이러한 정체성들이 섞이는 곳을 나타냅니다. 예시로 몇 가지 젠더를 여기에 표시한다면 오른쪽 위 그림과 같이 되겠지요.[6]

　　만약 점 하나가 본인에게 맞지 않는다고 느낀다면 여러 개의 점을 표시하거나 전체 구역을 강조하거나 화살표를 그려도 좋아요. 스스로를 가장 잘 나타낸다고 느끼는 다른 어떤 것을 그려도 돼요. 예를 들어 본인이 젠더들 사이에서 움직인다거나 다수의 젠더와 관련되어 있다고 느낄 경우, 컬러 휠은 오른쪽 아래와 같을 거예요.

에이젠더

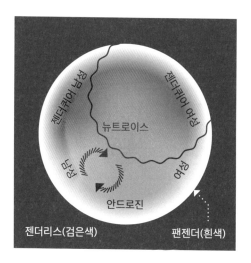

에이젠더

젠더리스(검은색)   팬젠더(흰색)

---

6   여기에 표시된 이름들에 대해서는 Part 2에서 배우게 될
     거예요.

또 다른 멋진 스펙트럼은 젠더 유니콘(the Gender Unicorn)입니다. 친절하게도 트랜스 학생 교육 자원(TSER)이 이 책에 사용할 수 있도록 해주었어요.[■] 젠더 유니콘은 이렇게 생겼어요.

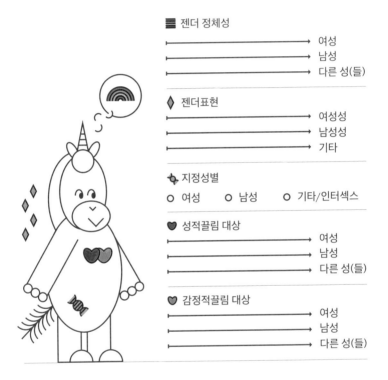

이 스펙트럼을 어떻게 사용하는지 힌트를 드리고자, 제 정체성을 표시해보았어요.

■ 한국어판 그림은 이를 원본 삼아 새로 작업했다. TSER 의 원본 그래픽은 링크에서 확인할 수 있다. http://www.transstudent.org/gender

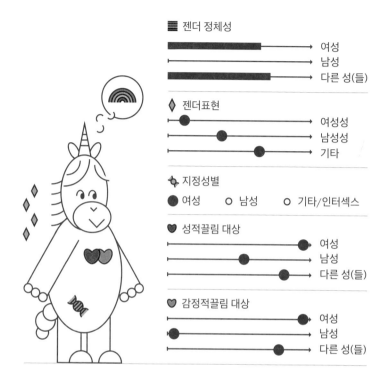

- 저의 젠더는 플루이드입니다. 제 어떤 부분은 가끔 여성(woman)처럼 느껴지기도 하고, 또 다른 부분은 종종 에이젠더 같기도 해요. 가끔은 이러한 젠더 모두가 동시에 결합되어 있는 것처럼 느껴지기도 합니다.
- 젠더표현에 대해 말하자면, 저는 여성적으로 표현할 때가 제일 적고요, 그다음은 남성적으로 표현하기이고, 안드로지너스하게 표현할 때가 제일 많아요.
- 태어났을 때 여성(female)으로 지정되었어요.
- 여러 젠더에 육체적으로 끌림을 느껴요. 그렇지만 보통은 여성을 주로 매력적이라고 느끼고, 그 다음은 논바이너리인 사람들이고, 남성들에게는 낮은 정도로 매력을 느껴요.
- 대개 여성과 논바이너리인 사람들에게 감정적으로 끌림을 느껴요. 자주는 아니지만 남성에게 감정적으로 끌리기도 해요.

이 스펙트럼이 정말 멋진 점은, 여러분 정체성의 <u>복합적인</u> 측면들을 시각적으로 한 번에 표시할 수 있다는 것입니다. 이러한 다양한 정체성의 측면은 많은 것을 포괄합니다. 젠더정체성과 젠더표현, 섹스, 여러분이 육체적으로는 누구에게 끌리며 감정적으로는 누구에게 끌리는가를 말이죠.

스펙트럼으로 표현할 수 있는 다른 개념들은 이런 거예요.

- 끌림을 느끼기 위해 필요한 조건들
  어떤 사람에게 성적으로 끌리는가?

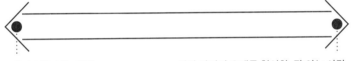

완전 처음 보는 사람   강한 감정적 유대를 형성한, 잘 아는 사람

- 특정 정체성을 경험하는 강도
  스스로의 젠더를 얼마나 강렬하게 경험하는가?

스스로의 젠더에 무관심   젠더를 매우 강렬하게 경험

- 특정한 끌림을 경험하는 강도. 성적끌림, 로맨틱끌림, 감각적끌림, 플라토닉끌림, 미적끌림 또는 임의적끌림 등을 포함하지만, 이에 한정되는 것은 아니다.[7]

  특정한 끌림을 얼마나 강렬하게 경험하는가?

  (성적, 로맨틱, 감각적, 플라토닉, 미적끌림 등)

어떤 끌림도 느끼지 않음   특정한 끌림을 아주 강렬하게 경험

- 폴리아모리

  나는 어디에 가까울까?

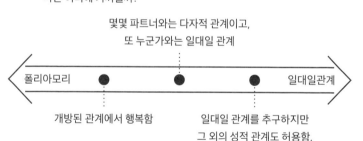

몇몇 파트너와는 다자적 관계이고,
또 누군가와는 일대일 관계

폴리아모리   일대일관계

개방된 관계에서 행복함   일대일 관계를 추구하지만
그 외의 성적 관계도 허용함,
즉 모노가미쉬(monogamish)

- 그밖에도 얼마든지!

---

[7]   이러한 끌림들에 대해서는 186쪽을 참조하세요.

선 모양이나 컬러 휠 혹은 유니콘이 여러분의 취향이 아니더라도 조바심 내지 마세요! 여러분의 성적 혹은 로맨틱, 젠더정체성 등을 완벽히 표현할 수 있는 자신만의 스펙트럼을 마음대로 만들 수 있답니다. 정말이지 많은 사람이 이렇게 하고 있고, 어떤 것은 놀랍도록 창의적이에요. 저는 3차원의 구, 행성의 형태, 산점도, 막대그래프[8]나 벤다이어그램, 보물 지도의 형식으로 정체성을 나타낸 것을 봤어요. 심지어 제 친구 찰리는 본인 젠더를 은하계로 그렸지 뭐예요! 찰리의 이야기를 들어볼게요.[9]

자라면서 나의 젠더가 사회가 제시한 엄격한 남성(male)이나 여성(female)의 이분법에 맞는다고 느낀 적이 없다. 찾아보니 많은 사람이 이분법 밖에 젠더가 존재한다고 설명한다는 걸 알게 되었다. 이들은 본인의 젠더를 남성이나 여성, 혹은 그 사이의 무언가로도 설명할 수 있는 선형 스펙트럼으로 표현하고 있었다. 이것은 나의 느낌에 점점 근접하고 있는 듯했지만, 스스로가 남성과 여성의 혼합체라고는 느껴지지 않았다. 완전히 다른 젠더라고 느꼈다.

그때, 젠더 스펙트럼을 행성으로 시각화한 것을 보았다. 미지의 땅과 산과 섬이 있었고, 남성과 여성 사이의 공간보다 더 많은 장소가 있었다. 점점 더 가까워지긴 하지만 여전히 한계가 있다는 느낌이었다.

내게 있어 젠더는 무한한 우주다. 한 사람 한 사람이 모두 젠더를 상이하게 경험한다. 가끔 어떤 사람은 젠더를 가지고 있지 않다. 깊은 우주 속의 블랙홀이나 한 무리의 별처럼. 가끔은 젠더가 형형색색으로 폭발하는 은하계 같다. 몇몇 사람은 평생 오로지 여성이라는 행성을 고집할 수도 있고, 아니면 몇몇 젠더 사이를 유동적으로 넘나들 수도 있다. 나의 젠더를 묘사하는 말로 '논바이너리'보다 더 정확한 이름표는 찾지 못했지만, 그래도 괜찮다고 생각한다. 젠더 우주를 창조했으니까. 우리는 모두 무한한 젠더 우주 속에서 각각 특별한 장소를 점하고 있다.

여러분이 정체성을 세밀하게 설명하고자 한다면, 본인 맞춤형 도표를 만들지 않는 한, 어떠한 스펙트럼 모델도 완벽하진 않을 거예요. 많은 이름이 몇몇 정체성의 세부 사항과 미묘함, 조건들을 포착하지 못하거든요. 예를 들어 노보섹슈얼리티[10]는 뒤에서 다룰 성적지향인데, 그 자체가 우연적이고 상황적으로 구성된다는 특징을 가지고 있어요.

그렇기에, 정체성을 한 스펙트럼 위에 몇 개의 점으로 정확하게 표시하는 일은 상당히 긴 각주가 없이는 기본적으로 불가능합니다.[11] 어쩌면 이렇게 표시해볼 수도 있어요.

---

8   157쪽을 참조하세요.

9   찰리에 대한 더 많은 이야기는 여기서 볼 수 있어요.
     http://bit.ly/2c3dVFR

10   노보섹슈얼(novosexual)인 사람은 본인이 경험하고 있는 젠더에 따라 끌림이 변화합니다. 더 알고 싶다면 214쪽을 참조하세요.

11   전 언제나 잘 쓰인 각주들에 열광하지만요.

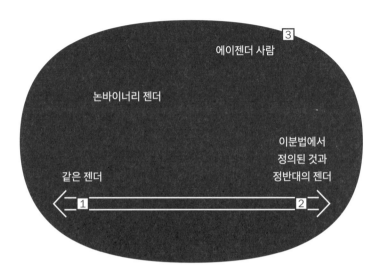

나는 누구에게 성적으로 끌릴까?

1 저는 남자(man)로 정체화하고, 게이입니다. 남자에게만 엄청나게 끌려요.

2 여자(woman)일 때는 남자에게 끌려요. 그렇지만 엄청 복잡해요. 왜냐면 보통은 그 남자를 상당히 잘 알아야만 성적으로 끌림을 느끼거든요. 제가 여자일 때는 데미섹슈얼이지 않을까 싶어요.

3 가끔은 에이젠더라고 느끼기도 해요. 이렇게 정체화할 때 젠더는, 제가 누구한테 성적으로 끌리는지를 결정하는 데 중요한 역할을 하지 않아요. 연결되었다고 느낀다면 어떤 젠더를 가진 사람에게든 끌림을 느껴요. 이게 제가 모든 스펙트럼의 주위를 빙빙 돌아왔던 이유예요.

지금까지 본 것처럼, 시각적인 스펙트럼은 정체성들을 너무 단순화하는 경향이 있다는 점에서 한계가 있습니다. 그렇지만 이러한 모델들이 완벽하지 않더라도, 정체성들을 바라보는 방식에 귀중한 영향을 줄 거예요. 무슨 뜻이냐구요?

사실, 스펙트럼은 끝내줘요! 왜냐하면 스펙트럼은……

- 이분법에 도전합니다.
  ㉠ "젠더뉴트럴한 화장실이 필요하지 않다고? 모든 사람이 남성 아니면 여성이라고 생각하는 거니, 너? 참나, 엄청 다양한 젠더가 있거든! 이 스펙트럼을 봐!"
- 정체성이 다양한 강도로 존재할 수 있다는 것을 인정합니다.
  ㉠ "저는 젠더플럭스이고, 이를 나타내기 위해 스펙트럼에 색칠하곤 해요. 제가 여자라고 강렬하게 느끼는 날에는 짙은 보라색으로 점을 찍어요. 조금 여자라고 느끼는 날에는 보통의 보라색으로 하죠. 거의 여자처럼 느껴지지 않는 날에는 연보라색으로 합니다.
- 변화와 유동성을 고려합니다.
  ㉠ "제 정체성은 엄청 자주 변화해요. 그래서 보통은 스펙트럼에 점으로 표시하기보다는 영역을 그려요!"
- 중간 지대를 포용합니다.
  ㉠ "저는 인터섹스예요. 제 섹스는 남성도 여성도 아니지만, 그 사이의 어딘가에 위치해요. 스펙트럼의 이쯤에 있죠."
- LGBTQIA+ 공동체에 소속되도록 장려합니다.
  ㉠ "LGBTQIA+ 공동체에 소속되기 위해서 게이일 필요

는 없어요. 바이섹슈얼이나 퀘스처닝, 어떤 다른 정체성이어도 돼요. 정체성의 전체 스펙트럼이 LGBTQIA+라고 할수 있지요!"

- 가끔은 언어가 충분치 않기에, 정체성을 정밀하게 묘사할수 있도록 도와줍니다.

  ㉠ "음, 난 어느 정도 에이섹슈얼이야." "그게 무슨 말이야?" "봐봐, 내가 스펙트럼에서 어디에 위치하는지 그려볼게." (재빠르게 끼적이기) "오! 알겠다!"

- LGBTQIA+ 공동체가 우리가 알아왔던 것보다 훨씬 더 광대하고 다양하다는 것을 상기시켜줍니다.

  ㉠ "이 젠더 휠에 있는 정체성들을 봐! 들어보지도 못한 것들도 있어. 엄청 멋지다. 더 알고 싶어!"

스펙트럼은 시각적 모델이기만 한 것이 아니에요. 스펙트럼은 개념적인 것이기도 하지요. 어떤 것은 아마도 종이 위에 표시하기에는 너무 거대하거나 무한할 거예요. 그렇다면 종이에 표시하려 하지 마세요! 그러지 않고도 여러분은 어떤 정체성이 스펙트럼 위에 존재한다고 말하고 이해할 수 있을 거예요. 이는 정체성이 그저 다양한 층위에 존재하며, 정체성에 다양한 가능성이 있다는 것을 의미해요.

젠더는 스펙트럼상에 존재해. 알고 있었니?

그럼, 남성과 여성 사이에. 맞지?

사실 젠더는 그것보다 훨씬 더 크고 넓어.

오 정말? 멋지다! 내가 이해할 수 있게 그 스펙트럼을 그려줄래? 보고 싶어!

음……. 좀 더 복잡해. 새로운 젠더들이 매일매일 발견되고 이해되고 있거든. 스펙트럼은 무한하고 항상 변하는 성질이 있어. 젠더 스펙트럼 그림만으로 설명하기엔 부족해. 그렇지만 젠더에 다양한 유형이 있고, 젠더가 다양한 강도로 존재한다는 것만 알아둬! 너랑 이런 이야기들을 나눌 수 있다면 기쁠 거야!

응! 그러고 싶어!

기본적으로, 스펙트럼은 그저 사람들이 정체성을 설명하고 시각화하는 데 도움을 주는 도구이자 개념이에요. 스펙트럼을 사용할지 말지는 전적으로 그 사람에게 달려 있어요.(하지만 여러분의 스펙트럼 여기저기에 질문들을 휘갈겨 써놓는 건 얼마든지 괜찮아요. 제가 그랬거든요!)

다음 페이지에서 제 첫 스펙트럼 모델을 재창조해놓은 것을 볼 수 있어요. 단, 이건 완벽하지 않고, 이분법을 영구화하기도 합니다. 제가 좀 미숙했죠. 그렇지만 누군가가 단 몇 년 안에 얼마나 배울 수 있었는지를 알 수 있다는 점은 멋지죠!

21살 애슐리의 정체성 스펙트럼

• 나는 얼마나 성적일까

잘 모르겠어요. 왜냐면 때때로 엄청나게 데미로 느끼기도 하는데, 다른 때는 꽤 성적인 욕구를 느끼거든요. 아마도 저는 성적끌림과 로맨틱끌림을 혼합하는 것 같아요. 아니면 그저 엄청난 플루이드일 수도 있죠. 로맨틱지향성과 성적지향성 간의 구분을 좀 더 분명하게 느꼈으면 해요!

• 나는 누구에게 성적으로 끌릴까

이분법 밖의 젠더에게 성적으로 끌린다는 걸 나타내는 스펙트럼을 어떻게 그릴 수 있을까요?

• 나는 누구에게 로맨틱하게 끌릴까

남성   여성

- 젠더

저는 그저 정말로 플루이드이고, 이를 받아들이느라 고생 중이에요. 어떤 날에는 거의 완벽하게 여자애처럼 느끼는데, 또 가끔은 완전히 에이젠더라고 느끼기도 해요. 엄청나게 귀찮아요. 저는 다른 사람들이 플루이드라는 것을 받아들이고 믿는 데는 아무 문제없어요. 그런데 제가 플루이드 정체성일 때는, 갑자기 혼란스럽거나 제 자신이 인식 불가능하다고 느껴져요. 그렇지만 사실은 플루이드가 그런 것은 아니죠. 거듭해서 정체성이 흐르듯이 변화하고 서서히 전개되어도 괜찮다는 사실을 제 자신에게 상기시켜줄 필요가 있어요.

- 젠더표현

이제 스펙트럼에 대해 잔뜩 배웠으니, 여러분이 간단한 연습 삼아 이 정보를 적용해볼 시간을 갖고 싶을지도 모르겠네요. 다음 페이지에 오늘 이해한 대로 정체성 스펙트럼을 그려보세요. 선형이나 원형, 구형, 아니면 원하는 어떠한 형태로든 스펙트럼을 그릴 수 있다는 것을 기억하세요! 그리고 점과 음영, 화살표, 각주, 물음표, 낙서 등과 같은 다양한 방식으로 여러분의 스펙트럼을 채울 수 있어요.

스스로의 스펙트럼에 대해 조금 더 고민해보고 싶다면, 이 페이지를 기억해두고 내년에 돌아오세요. 그리고 아래에 다시 여러분의 스펙트럼을 그려보세요. 여러분과 여러분의 스펙트럼이 시간이 지나면서 얼마나 변화할 수 있는지를 보는 건 멋진 일일 거예요.

나만의 스펙트럼 그리기

Part 2:
젠더

Chapter 1:
섹스와 젠더

축하합니다! 젠더 파트까지 왔네요. 자, 만약 커닝페이퍼나 스펙트럼 파트가 복잡하다고 생각했다면, 단단히 준비하세요. 이제 한층 더 흥미진진한 여행이 시작되거든요! 제 생각에 젠더는 이 책에서 다룰 가장 도전적인 개념이랍니다.

섹스란 무엇인가?

젠더를 정의 내리기란 매우 어려우니, 젠더가 아닌 것을 짚어보는 걸로 시작하겠습니다. 섹스. 자, 섹스란 뭘까요? 우리 문화는 섹스와 관련한 셀 수 없이 많은 오해로 뒤덮여 있다는 이야기로 시작해볼게요. 사회는 주로 섹스를 다음과 같은 맥락에서 정의 내려요.

> "인간과 다른 생명체들이, 재생산 기능에 기초하여 분류되는 두 개의 주요한 범주(남성과 여성male and female) 중 하나."(Oxford Dictionary, 2016)

이건 섹스에 대한 일반적인 정의예요. 대부분의 사람이 매우 친숙하다고 느낄 정의가 아닐까 추측해요. 반면 많은 사람이 익숙하게 느끼지 않으리라고 생각하는 정의는, 섹스가 사회적인 구성물이라는 것이에요.[1] 이건 섹스가 인간에 의해 고안된 한 가지 분류 방법일 뿐이라는 뜻이지요.

자, 저를 오해하지 마세요. 우리 신체의 물질성은 구성물이 아니에요. 예를 들어 어떤 사람이 얼굴의 털과 XY 염색체, 혈관에 흐르는 엄청난 양의 테스토스테론을 가지고 있다고 해볼까요. 우리 신체가 존재하는 방식은 그야말로 부인할 수 없어요. 그러나, 신체적 특징에 기초하여 한 사람을 '남성'이라고 이름 붙이는 행위는 인간이 고안한 것이죠. 결국 신체의 부분들은 선천적으로 남성(male)이거나 여성(female)이 아니에요. 그저 신체의 부분일 뿐이지요.

그런 것처럼 섹스 또한, 사회가 젠더를 이분법적으로 바라보는 것으로부터 강하게 영향을 받는 시스템이에요. 이것이 분명하다는 사실은, 사회가 두 개의 이분적인 섹스 범주를 사용하고 이들 각각이 이분적인 두 젠더와 강하게 연결되어 있다는 점에서 확인할 수 있습니다. 이러한 두 개의 섹스 범주는 (남성man과 관련된) 남성(male)과 (여성woman과 관련된) 여성(female)을 말합니다. 한 사람에게 적용되는 분류는 대체로 다음에 기초한 거예요.

- 염색체
- 호르몬
- 생식 세포(수정 작용 시 함께 융합되는 반수 세포. 예를 들어 정자 혹은 난자)
- 일차성징(태어났을 때 가지고 있고, 재생산과 직결되어 있음)
- 외부 성기(외음부, 클리토리스 분비선, 음경, 음낭)
- 내부 성기(자궁, 난소, 부고환, 전립선 등)
- 이차성징(사춘기 때 발달)
- 체모
- 수염
- 근육 대 지방의 비율

- 후두부의 크기
- 가슴

이러한 각각 범주들의 '완벽한 표본'에 대한 사회적 관념은 아래와 닮아 있을 거예요.

이상적인 남성	이상적인 여성
많은 테스토스테론	많은 에스트로겐
XY 염색체	XX 염색체
정자	난자
페니스	외음부
고환	자궁
수염이 남	수염이 거의 없거나 아예 없음
낮은 목소리	높은 목소리
넓은 어깨	넓은 둔부
근육 발달	가슴

1   구성물이 된다는 것은 꼭 그 자체로 부정적인 건 아니에요. 시간 엄수하기, 돈, 혹은 교통 신호등처럼 우리가 일상적으로 사용하는 유용한 사회적 구성물이 많아요. 그렇지만 어떤 게 유용하다고 해서, 그게 잠재적으로 위험하지 않으리라고는 할 수 없어요. 예를 들면 돈처럼요. '섹스'의 위험한 측면은, 이것이 관행적이고 이분법적이고 부정확한 방법으로 구성되었다는 점이에요. 이게 우리가 이 책에서 알아볼 것들이지요.

그런데 만약 어떤 사람이 이 표의 어느 쪽에도 완벽하게 들어맞지 않는다면? 저는 대부분의 독자가 살면서 만난 그러한 사람을 적어도 몇 명은 생각해낼 수 있으리라 봐요. 예를 들어 수염이 풍성하게 자라지 않는 남자를 아나요? 아마도요. 친구 중에 수염이 있는 여자가 있나요? 아마도 있겠지요.

생각나지 않는다면, 제가 당장 소개해드릴게요. 바로 저예요. 얼굴에 길고 어두운 색의 헝클어진 수염이 대략 10가닥쯤 나 있거든요. 2년 전에는 절대 이 사실을 받아들이지 못했어요.(지금은 이 얘길 책으로 출판하고 있네요!) 턱 끝에 있는 수염에 자신이 없었는데요, 이후로 저처럼 수염이 나는 여성들을 만나왔어요. 몇몇은 저처럼 무작위로 헝클어진 털을 가지고 있었고, 콧수염이 나는 분들도 있었고, 어떤 분들은 턱수염을 기를 수도 있었어요. 이제는 얼굴에 털이 있다는 건 자연스러운 일이지, 여성에게 드문 특징이 아니라는 것을 알아요.

예시가 더 필요한가요? 어깨가 넓거나 울대뼈가 두드러진 여성들도 있죠. 몇몇 남성이 봉긋한 가슴을 가지거나 정자를 생산하지 못하는 것처럼요. 여러 생물학적 패턴이 있지만 이것들이 규칙이 아니라는 점을 여러 측면에서 이해해야만 해요. 그렇지만, 우리는 종종 섹스(그리고 젠더)에 대해 규칙이 있는 것처럼 이야기하죠. 당신의 신체에 부합하지 않는 규칙들은 당신이 스스로를 열등하거나 이상하다고 생각하도록 만들어요. 이 부분이 우리가 도전하고 바꾸기 시작해야만 하는 지점입니다.

좀 더 깊이 들어가볼까요. 만약 한 사람의 생물학적 특성이 다음과 같이 보인다면 어떨까요?

- 얼굴에 털이 없음
- 가슴
- 질과 흡사한 생식기
- XY 염색체
- 내부 고환
- 자궁 없음
- 몸에 털이 거의 없음

이러한 상황이라면 이 사람을 엄격하게 '남성' 혹은 '여성'으로 구분하기가 더욱 어려워지죠. 아마 여러분은 속으로 이렇게 생각할지 모르겠어요. "세상에 단 두 가지 섹스가 있는 이유는 위와 같은 특징을 실제로 가진 사람이 없기 때문일 거야.[2] 아니면 있더라도, 정말로 소수일 거야. 어찌되었든 이런 사람을 만난 적이 없는걸?"

만약 이렇게 생각했면, 실제로 200명 당 한 사람이 인터섹스라는 사실을 안다면 놀랄지도 모르겠네요.[3] 인터섹스란, 사회가 생각하는 남성(male) 혹은 여성(female) 중 어느 쪽에도 그대로 부합하지는 않는 사람들을 말합니다. 그러니 만약 여러분의 페이스북 친구 수가 적어도 200명이라면, 거의 확실하게 한 명의 인터섹스를 만난 적이 있는 거예요! 인터섹스인 사람이 얼마나 흔한가 하면, 200명 당 1명이라는 비율은 자연적으로 빨간 머리를 가진

---

[2]   사실 위에 나열한 것은 가상의 임의적 특징들이 아니에요. 흥미롭지요? 이건 실제로 완전 안드로겐무감성증후군(CAIS, Complete Androgen Insensitivity Syndrome)을 지닌 인터섹스 사람들의 특징이에요.

[3]   Jantine van Lisdonk, "인터섹스/DSD(성 발달장애—옮긴이)와 함께 살기" 링크 https://t.co/xnY1h4lDDj

사람의 비율과 같아요.

　아마 여러분 중 대부분은 알려주지 않으면 누군가가 인터섹스인지 알 수 없을 거예요. 앞서 언급한 리스트의 특징들을 지닌 사람을 예로 들어보자면, 만일 그 사람과 길에서 스쳐 지나가게 되었다 해도 그가 어떤 염색체, 호르몬, 성기를 가졌는지를 어떻게 알 수 있겠어요? 모를 거예요. 그 사람의 2차 성징(가슴, 키, 얼굴 구조, 털이 없는 얼굴)만 보이겠지요. 그리고 이러한 특징들은 그들의 섹스를 부분적으로 설명하는 방식일 뿐이지만, 여러분은 아마도 그들을 여성(women)이라고 이름 붙일 거예요. 아마도 의식적으로 그렇게 하진 않을 겁니다. 그들을 포착하고서 '저 사람들, 당연히 여자겠지'라고 생각한 뒤 이를 표현할 만큼 분명하지는 않을지도 모르지요. 그렇지만 기묘한 건, 여러분이 잠재의식에서 그들을 이름 붙인다는 것이에요.

　제한적인 생물학적 정보에 기반해 무질서하게 섹스를 범주화하는 일은, 생각보다 더 자주 일어납니다. 예를 들어 수백만 명의 갓난아기는 매일매일 허둥지둥 두 가지 섹스 중 하나로 분류되죠. 이때 거치는 검증은 그저 성기를 재빠르게 훑는 겁니다. 만약 성기가 여성의 외음부와 흡사해 보인다면, 땅땅! 의사는 출생신고서에 단번에 선고를 하고, 그로 인해 이 아이의 미래는 여자로 결정되는 겁니다.

　가끔은 아기의 생식기를 분류하기 어려운 경우도 있어서, 이때 의사들은 이분법적 젠더 중 어느 쪽으로 아이를 분류해야 할지 알 수 없게 됩니다. 이럴 경우 의학적 개입을 하기도 한답니다. 이러한 절차들은 물리적으로나 호르몬적으로 사람의 신체를 변화시키는 것을 목표로 해요. 이들에게 '좀 더 사회적으로 받아들여질 만한 성적 특징'[4]을 부여하기 위해 말이죠.

그렇지만 섹스와 젠더에 대해서 더 알게 되면서, 사람들은 이러한 수술에 반대하는 의사를 표현하기 시작하고 있어요. 의료진과 보호자가 아이들의 신체에 대한 자율성을 보장해주었으면 하고 바라면서요. 이러한 수술에 대한 클라우디아의 생각을 함께 나눠볼까요.[5]

내 이름은 클라우디아이고, 나는 인터섹스다. 인터섹스란 전통적으로 '남성'이나 '여성'이라고 간주되는 특징들을 신체 하나에 혼합적으로 지니고 있는 사람이다. 가끔은 어느 쪽으로든 이례적인 특징들을 지닌 경우도 있다. 우리의 신체는 남성이나 여성으로 쉽게 범주화될 수 없기에, 인터섹스라는 건 '고정될' 필요가 있는 의학적인 조건이라고 주로 설명되곤 한다. 결과적으로 부모와 임상의들은 우리의 신체가 '평범한' 남자아이나 여자아이의 신체처럼 보이도록, 미용적으로 바꾸는 수술 및 다른 절차들을 정기적으로 수행하길 선택한다.

이런 절차들은 우리의 건강에 도움이 되지 않으며, 우리의 동의와 상관없이 진행된다. 그리고 평생 지속되는 신체적·심리적 또는 감정적인 피해를 초래할 수도 있다. 부모와 의사들이 건강하고 완벽하게 기능하는 우리의 신체 부분들을 마음대로 제거한다는 건 이상한 일이다. 말하자면 왼손 새끼손가락 같은 것이다. 만

4   77쪽 표의 "이상적인 남성/이상적인 여성"에서와 같은 특징들이 되겠네요.

5   클라우디아에 대해 더 알고 싶다면 여기로! http://bit. ly/2cxBJwT

약 아이가 태어난 직후 아이의 왼손 새끼손가락을 잘라내는 게 관례인 사회를 발견한다면 우리는 몸서리칠 것이다. 엄청난 뉴스거리가 되면서 온 언론 매체를 도배하겠지. 아마도 대부분의 사람은 전혀 말이 안 되는, 벌어져서는 안 되는 일이라고 말하지 않을까?

그렇지만 부모와 의사들이 인터섹스인 아기와 어린이들의 신체 부분을 제거하겠다는 결정을 할 때, 대개의 사회는 그게 그 아이들의 이익을 위한 일이고 그들이 인터섹스인 우리를 돕는 거라고 생각한다. 그렇지 않다.

모든 사람은 신체에 대한 자율권을 지녀야 한다. 우리가 어떠한 신체 부분을 가지고 어떤 부분을 계속 유지하거나 개조할지를 말 그대로 선택할 수 있어야 한다. 인터섹스인 아이들로부터 그 권리를 앗아가는 건 옳지 않다. 인터섹스 활동가들은 이러한 관행을 끝내기 위해 노력하고 있다.

인터섹스인 모든 사람이 수술을 거치는 것은 아니에요. 많은 사람은 '전형적인 남성'이나 '전형적인 여성'의 생식기와 닮은 외부 성기를 지니고 있지요. 결과적으로 이러한 사람들은 본인이 인터섹스라는 사실을 사춘기까지 모를지도 모릅니다. 심지어는 더 나중에 알게 될 수도 있고, 몇몇은 영원히 모를 수도 있어요. 때로 동의 없는 수술을 경험한 이들조차 끝내 알지 못하기도 해요.

신체 구조가 본인의 예상과 다르다는 사실을 아는 것은 비현실적이고 혼란스러운 경험일 수 있어요. 우리 문화가 엄격한 젠더 이분법에 기준을 두고 있기 때문에, 인터섹스인 이들은 때로 자신이 불완전하다고 여기거나, 수치스러워하거나 혼자라고 느낄 수 있습니다. 이것이 바로 제가 섹스를 이분법적이지 않은 방식으로 보는 것이 사실상 더욱 정확하고 건전하다고 주장하는 이유입니다.

어떤 이들이 이분법적이지 않은 방식으로 섹스를 정의하는 한 가지 방법은, 섹스를 스펙트럼으로 보는 것입니다. 이때 스펙트럼은 다음과 같을 거예요.

이건 인터섹스가 남성과 여성 사이에 오게 되는 스펙트럼이에요. 이 스펙트럼 위 어디에나 위치할 수 있어요. 예를 들어 어떤 사람은 남성일 수도, 어느 정도 남성일 수도 있고, 인터섹스이거나, 어느 정도 여성이거나, 여성일 수 있습니다.

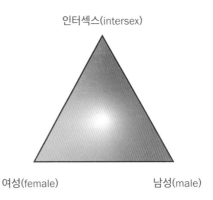

이 스펙트럼은 삼각형 모양이지요. 어떤 이들은 인터섹스가 남성과 여성의 '사이에' 있는 것이 아니라, 완전히 상이한 섹스라고 느끼기 때문이에요. 더

붙어 말하자면, 인터섹스를 남성과 여성 사이에 위치시키는 방식이 '인터섹스란 불완전한 섹스다'라는 생각을 내포한다고 느끼는 사람들도 있거든요.

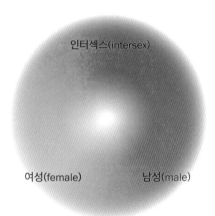

이 스펙트럼에는 끝점이 없지요. 이는 섹스가 무한한 것임을 나타냅니다. 우리의 신체가 지닐 수 있는 특징들의 조합은 너무나 광대하고 다양해서 한계를 지을 수가 없어요.

이 스펙트럼은 다음과 같은 다양한 조합으로 섹스가 구성될 수 있음을 알려 줍니다. 어느 섹스 하나에만 속해 있는 게 아니라 동시에 이것저것을 조합할 수 있다는 거지요. 즉, 우리의 섹스가 동시적으로 남성, 여성, 혹은 인터섹스일 수 있다고 말이죠.

아니면 섹스는 시각적 삽화로 표현할 필요 없이 개념적인 스펙트럼으로 존재할 수도 있어요. 서로 다른 사람들의 신체에서 일어날 수 있는 생물학적 조합의 수는 광대하고 가능성이 무궁무진하죠. 이 사실을 인정하기만 해도 충분할 거예요. 이러한 조합을 시각적으로 표현하는 방법을 찾기보다는요.

또 다른 이들은 스펙트럼상에서 섹스를 논의하는 것을 다음과 같이 생각합니다. 본래 젠더화되지 않은 신체와 특징들을 젠더화하고, 특정한 범주들(주로 스펙트럼에서 '남성'과 '여성' 부분)을 '자연스러운' 혹은 '정상적인' 것으로 공고하게 한다고요. 이때, 그 중간에 있는 모든 범주는 반대로 불완전하거나 결함이 있는 것처럼 여겨지게 됩니다. 이렇게 생각하는 사람들은 보통, 태어났을 때부터 섹스가 지정되어서는 안 된다고 생각합니다.

여러분이 섹스를 보는 정확한 방법이 무엇이라고 생각하든 간에, 단순히 남성과 여성을 넘어서는 섹스가 있다는 것은 부인할 수 없어요. 섹스에 관한 한, 우리의 신체는 복잡하며 아름다울 정도로 다양해요. 이게 섹스가 절대 이분법적일 수 없는 이유입니다. 오히려 이분법을 넘어서는 것이지요.

그렇지만 우리 문화에서 사람들은, 오직 두 가지 선택지 중 하나에 자신을 끼워 맞추도록 끊임없이 강요받고 있어요. 한 사람의 섹스는 정부 서식과 신분 서류, 의료 기록, 투표지, 설문지, 데이트 사이트, 지원서에 표기되고 심지어 우리는 '태어날 때의 섹스'를 기준으로 구분되어 있는 화장실을 사용해요. 사회가 섹스에 대해 가지고 있는 이분법적인 시각을 벗어나는 건 불가능해요. 우리 모두는 이에 동의하는지 또는 이러한 구분에 본인이 들어맞는지와 상관없이, 이를 받아들이도록 강요받고 있지요.

이건 문제예요. 왜냐하면 이미 입증한 것처럼, 모두가 '남성' 혹은 '여성'이 되기 위한 사회의 요구 조건을 충족하는 건 아니니까요. 지금처럼 반복적으로 섹스를 오인하도록 강요하거나 이를 인정해주지 않는다면, 인터섹스인 사람들은 자신이 고립되어 있고, 무가치하며, 삭제되었다고 느낄 수 있어요. 이게 우리가 섹스를 바라보는 방식을 재평가해야 하는 이유이고, 통념적인 '남성' 혹은 '여성'의 체크 박스에 완전히 들어맞지 않는 사람들을 위한 공간을 만들기 시작해야 하는 이유입니다. 그러한 사람들은 존재하며, 이들의 섹스는 다른 사람들보다 열등하지 않아요.

젠더란 무엇인가?

저는 이 항목을 (대략) 114억만 번 이상 고쳐 썼어요. 솔직히 말할 게요. 젠더는 복잡하고, 솔직히 저도 여전히 젠더를 이해하고자 노력하는 중이에요. 이 개념을 완전히 이해한 사람은 매우 적을 거라고 생각해요. 그리고 그 누구도 젠더에 대한 권위자일 수 없다고 생각해요. 저 스스로가 권위자가 절대 아니라는 건 알고 있어요. 그렇기 때문에, 젠더에 대한 우리의 지식이 매일매일 확장하고 있고 모든 사람이 젠더가 무엇인지에 대한 각자의 이해를 구축해나간다는 내용으로 이 장을 시작하는 것이 저에게 중요합니다. 여러분이 이해한 것이 제가 이해한 것과 다를지도 모르지요.

많은 정의에 대한 보편적인 동의는 없고, 저는 그저 하나의 목소리에 불과해요. 그러니 제 이야기를 '젠더의 법칙'처럼 받아들이지는 말아주세요. 저는 여러분이 비판적으로 생각하고 독립적으로 사고했으면 좋겠어요. 그렇긴 해도, 바라건대 여기서 여러분이 알게 될 내용이 젠더를 이해하는 유용한 가이드가 될 수 있도록, 제 생각을 발전시키고 모으면서 최선을 다했어요. 이제 시작해봅시다.

젠더를 완벽하고 완전하게 정의하기 어려운 한 가지 이유는, 사용되는 문맥에 따라 젠더라는 단어가 여러 의미를 지닌다는 점이에요.

- 개별적 자아의 문맥에서 '젠더'는 이렇게 정의될 수 있어요. 남성(man)이거나 여성(woman), 또는 둘 다이거나, 둘 다 아니거나, 그 사이의 무언가이거나, 이 둘과는 완전히 다른 것인 상태.

㉠ "내 젠더는 뉴트로이스야."

- 사회의 문맥에서 '젠더'는 이렇게 정의될 수 있어요. 대개
  의 사람들을 남성 혹은 여성이라는 이분법적 젠더 중 하나
  로 인지하고, 이 분류에 따라 각각의 사람에게 역할, 행동,
  표현, 특징에 대한 문화적 규범을 부여하는, 사회적으로 구
  성된 분류 시스템.

  ㉠ "'평범한 옷가게'에 오신 것을 환영합니다. 저희 옷은 젠
  더에 따라 구분되어 있어요. '여자 코너'는 이쪽이고요, '남
  자 코너'는 저쪽이에요."

먼저, 개별적인 자아의 문맥에서 젠더의 정의를 분석해봅시다.

남성이거나 여성이거나, 둘 다이거나, 둘 다 아니거나, 둘
사이 어딘가에 있거나, 혹은 아예 다른 존재 상태.

섹스와 비교했을 때 젠더가 꽤나 감지하기 어렵다는 점을
상기한다면, 이 말을 더 잘 이해할 수 있어요. 한 사람의 어떠한 물
질적인 요소(염색체, 호르몬, 생식기, 입는 옷 등등)는 젠더에 영향
을 끼치지 않아요. 대신에, 젠더는 스스로에 대한 이해와 인지로
구성됩니다. 가장 간단하게 설명해보자면, 지정된 섹스는 우리의
생물학적인 몸에 기반해 있는 반면, 젠더는 생물학적 특징을 넘어
서서 우리가 스스로를 어떻게 인지하는지에 기반하고 있어요.

이러한 사고방식에서라면, 유효하지 않은 젠더란 없어요.[6]
어떤 사람은 이분법적 젠더일 수 있고(예컨대, 남성 혹은 여성), 논
바이너리[7]일 수도 있고(예컨대, 여성도 남성도 아니거나, 동시에
복수의 젠더이거나, 젠더 사이를 유동하거나 등등), 아니면 젠더
가 없을 수도 있어요. 이러한 다양한 용어를 구체적으로 살펴볼 예

정이니 이게 무슨 말인지 아직 모르겠다고 당황하지 마세요! 이해해야 하는 중요한 지점은, 어느 젠더가 옳은지 그른지에 대한 법칙이 없다는 거예요. 또한 선천적으로 보다 자연스럽거나 적법한 젠더는 없어요. 본인의 젠더가 그 사람에게 진실이기 때문이에요.

이제 방금 왔던 길을 조금만 되짚어 돌아가서 사회적인 문맥에서 '젠더'의 정의를 다뤄봅시다.

사람들을 남성 혹은 여성의 이분적 젠더 중 하나로 인지하고 이 분류에 따라 각각의 사람에게 역할과 행동, 표현과 특징에 대한 문화적 규범을 부여하는, 사회적으로 구성된 분류 시스템.

앞서 젠더에는 법칙이 없다고 말했지만 바로 연이어서 반대되는 이야기를 하자면, 사회적인 관점에서 젠더에는 규칙들과 압박이 가득합니다. 우리의 문화는 끊임없이 젠더에 대한 기대를 모두에게 떠안기죠. 이것이 사람들의 표현과 정체성을 제한하고, 규범이 아닌 것을 용납하지 않을 때 문제가 됩니다.

그렇다면 질문은, '사회가 젠더를 어떻게 바라보는가'입니다. 저는 이 질문의 답이 "대개 남자 또는 여자와 같이 매우 이분법적인 방식"이라고 해도 전혀 놀라운 일이 아니라고 확신해요. '남성(man)'은 '남성(male)의 생물학적 특징'이 무엇인지(음경, XY 염색체 등)에 대한 문화적인 관념과, '여성(woman)'은 '여성(female)의 생물학적 특징'이 무엇인지(질, XX 염색체 등)에 대한 문화적인 관념과 연결되어 있습니다. 특정 젠더로 정체화하기 위해서는 특정한 해부학적 특징을 가져야만 한다는 것이, 사회가 우

---

6   그렇지만 어떤 젠더 이름표는 전유적이거나, 위험하거나, 문제적일 수 있어요.

7   논바이너리 젠더에 대해 더 알고 싶다면 147쪽을 보세요.

리에게 떠안긴 첫 번째 젠더 규범입니다.[8]

　　그러나 <u>젠더 규범</u>들은 단순히 우리의 신체에만 국한된 것이 아니에요. 젠더 규범은 사회가 남성과 여성에게 적절하다고 여기는 모든 기준을 말해요. 다음과 같은 것들이 포함될 수 있지요.

- 남자와 여자가 어느 수준까지 지적일 수 있는지
- 남자와 여자가 어느 정도의 돈을 벌어야만 하는지
- 남자와 여자가 입어야만 하는 옷
- 남자와 여자의 몸과 머리카락이 어떤 모양인지
- 남자와 여자가 어디에 흥미를 가질지

젠더 규범들 외에도, 우리 사회에는 수많은 젠더 역할이 있어요. 젠더 역할은 사회적 규범에 입각해 남성과 여성에게 허가되거나 기대되는 사회적 역할 혹은 위치, 행동, 책임입니다. 가장, 양육자, 협상가, 운동 만능, 보호자, 가사노동자, 계획가, 패션 리더 같은 것들이 포함될 거예요.

　　오늘날 우리 문화에서 젠더가 어떻게 받아들여지는지를 나타내기 위해, 사회적으로 이상적인 남성과 여성에 대한 묘사를 나타내보았어요. 올바른 젠더 역할과 규범을 대부분 따르는 사람이죠.

종종 사회는 젠더와 생물학적 특징 사이의 미약한 연관성을 초월해버립니다. 가끔은 젠더와 생물학적 특징을 완전히 섞어버리거나, '섹스'와 '젠더'가 같은 뜻이 아닌데도 동의어처럼 사용하지요.

우리 중 대부분은 이 중 어느 모습과도 온전히 동일시하기 어려울 거예요. 더불어 한 사람이 남성이라거나 여성이라는 것을 정확하게 나타내기 위해서 이러한 특징을 하나하나 다 지녀야만 한다고 믿지도 않겠지요. 더 나아가 이분법 자체를 거부하며, 실제로 존재하는 무한한 젠더를 인정할 수도 있어요.

그렇지만 이렇게 할 수 있다고 하더라도, 여전히 우리는 사회의 전통적인, 이분법적 시각에 영향을 받을 거예요. 그럴 만하죠. 이러한 생각들은 어렸을 때부터 우리에게 깊이 배어들었고 내면화되었어요. 분리된 화장실부터 젠더화된 옷까지. 또 대부분의 미디어가 시스[9]만을 재현하지요. 이게 매일 우리가 마주하는 현실이에요. 우리는 이분법적이고 전통적인 사회의 시각을 수용하도록 길들여졌어요. 스스로 깨어 있거나 그간 배웠던 걸 억지로라도 잊는 연습을 하지 않는 이상, 우리 문화 속 젠더에 대한 시각에 영향을 받지 않았을 가능성은 거의 없죠. 이는 우리 자신의 젠더뿐 아니라, 우리가 다른 사람들의 젠더를 바라보는 방식에도 영향을 미칠 수 있어요.

제 친구인 카이가 바로 그 완벽한 예입니다. 트랜스 남성[10]으로서 그는 이분법에 도전하고 젠더 역할을 거부하는 폭넓은 실천을 해왔습니다. 그는 약 2년 전에 커밍아웃을 했고, 그때부터 스스로를 사랑하는 방법과 트랜스인으로서 강렬한 자부심을 키우는 방법을 배워왔어요. 하지만 이 모든 사실에도 불구하고, 카이조차도 때때로 내면화된 트랜스포비아[11]와 싸워야 했습니다.[12]

나는 내 몸을 인식하는 문제에 있어서 특히, 줄곧 내면화된 트랜스포비아와 상대해왔다고 생각한다. 신체 부분과 젠더가 대등하게 연결되지 않는다고 생각하면서도, 이상하게도 여전히 트랜스 사람들을 '정상'으로 보는 게 어려울 때가 있다. 이건 아마 내가 특정 신체를 정상적으로 바라보는 방식에 길들여졌기 때문일 것이다.

정체성에 상관없이, 우리 모두는 각자 미디어와 사회의 영향력으로부터 벗어나려고 버둥거리는 것 같다. 가끔은 내 가슴이 느끼는 것과 일치하지 않는 생각이나 의견이 머릿속에 떠오르기도 한다. 예컨대, 그간 자라온 환경 탓인지 이따금 트랜스 사람들의 젠더를 있는 그대로 인정하기가 어렵다. 가슴으로는 그렇지 않다고 느끼고 또 절대 입 밖에 낼 것도 아니라지만, 이런 생각은 참 끈질기게도 머릿속에서 사라지질 않는다. 이와 관련해 내가 가장 좋아하는 구절이 하나 있다. "우리는 어떤 의견을 낼 때, 두 가지 생각을 하게 된다. 맨 처음 하는 생각은 우리가 그간 그렇게 생각하도록 길들여진 생각이다. 또 다른 하나가, 인간으로서 우리가 어떤 사람인지를 결정하는 생각이다."

---

9   시스/시스젠더(cis/cisgender). 용어를 더 알고 싶다면 124쪽을 참조하세요.

10   트랜스 남성(trans men)에 대해서 더 알고 싶다면 132쪽을 참조하세요.

11   트랜스인들에 대한 특정한 믿음과 잘못된 정보를 말합니다. 이는 트랜스인들에 대한 편견과 학대, 무시, 불인정, 차별과 폭력으로 이어질 수 있습니다.

12   카이에 대해 더 알고 싶다면 여기로! http://bit.ly/2c9D1i0

전반적으로 여전히 나는 스스로를 어색하다고 느낀다. 내 트랜스 정체성도 마찬가지다. 여전히 젠더에 대해 주입받은 규칙들을 벗겨내고 있는 중이다. 많은 트랜스 사람이 이 문제를 겪고 있을 것이다. 다른 곳들처럼 우리 공동체도 자기 수용을 위해서 많은 노력을 해야만 한다. 특히 시스규범적인 길들이기를 수년간 겪은 후이기에 더욱.

기꺼이 약한 부분과 치열한 고민을 나눠준 카이에게 감사해요. 이렇게 느낀 적이 있더라도 걱정하지 마세요. 여러분은 혼자가 아니에요. 많은 사람이 젠더에 대해 사회가 주입한 생각들을 털어내고자 싸우고 있어요. 완수하기 쉬운 과제는 아니죠. 그렇지만 이렇게 몸에 깊이 스며들어 있는 젠더에 대한 전통적인 생각들을 완전히 벗어내기는 어렵더라도, 벗기 위해 노력할 수 있다는 것은 분명 희소식일 거예요. 젠더에 대한 우리의 생각들을 해체하고 재구성하는 데 좋은 실천법을 소개해볼게요.

- 누군가를 처음 만날 때, 그 사람의 젠더나 호칭을 섣불리 짐작하지 않도록 노력하세요. 그 사람에게 어떻게 부르길 원하는지를 물어보거나, 다른 방식으로 알려주기 전까지는 젠더 뉴트럴한 호칭을 사용하도록 하세요.
- 소지품과 스타일이 젠더를 나타내지 않는다는 것을 명심하고, 어떤 물건들을 젠더화하는 것이 전통적·이분법적인 젠더 역할 및 관념을 지속시킬 수 있음을 기억하세요.
- 대화, 대화, 대화! 젠더에 대해 (존중하면서) 더 많이 이야기를 나누고 질문을 던질수록, 우리는 (또한 대화 상대는)

더욱 많이 알게 될 거예요! 이러한 대화는 우리가 이야기하는 주제들을 정상화하는 데[13] 힘이 되고, 이러한 주제들을 둘러싼 낙인들을 제거할 거예요.

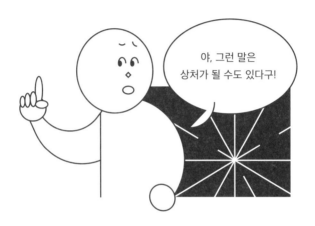

- 불편하더라도 용기를 내서 더 크게 말해요.[14] 두려울 수 있지만, 당신이나 친구가 시스섹시즘[15]이나 시스정상성[16]에 맞닥뜨리게 된다면 뭐라도 이야기해보세요. 적극적으로 옹호하는 것 자체가 용기를 크게 북돋우는 경험이 될 수 있어요. 또한 좀 더 배워야 하는 사람들에게 정보를 줌으로써

---

13 용어로서 '정상화한다'의 의미는 커닝페이퍼를 참조하세요.
14 물론 안전할 때에만이란 걸 명심하고요.
15 시스섹시즘(cissexism)은 시스젠더 사람들이 정상이고 옳으며 최고다, 라고 보는 성차별주의의 한 형식이에요.
16 시스정상성(cisnormativity): 거의 모든 사람이 시스젠더라는 가정을 말해요.

그들을 돕는 일이기도 하지요.

- 다른 한편으론, 바로 여러분이 여전히 젠더에 대해 많이 배워야 한다는 점을 확실하게 알고 있어야 해요. 스스로를 이미 전문가라고 여긴다면 지식 흡수도 잘 안 될 뿐더러, 아예 배우려고 하지도 않게 될 걸요. 젠더에 대해 잘 배우는 방법 하나는, 시스가 아닌 사람들을 위한 장소를 만들어 이들이 경험을 이야기할 수 있게 하는 거예요.

- 젠더에 대해서 많이, 잘 아는 사람이 되는 건 하룻밤 사이에 이루어지는 일은 아니라는 걸 받아들여야 해요. 이건 계속되는 과정이에요. 지속적이고 적극적인 노력이 필요하죠.

- 미디어에 재현될 수 있도록, 맞서 싸우세요. 여러분의 최애 프로그램 웹사이트에 "바이젠더 캐릭터가 있다면 얼마나 멋질까" 같은 이야기를 올려보는 것처럼 간단한 일이라도 좋아요. 아니면 논바이너리인 주인공이 나오는 웹툰을 시작하는 것 같은, 좀 더 적극적인 방식일 수도 있겠지요!

- 여러분과는 다른 경험을 한 사람들을 찾아 그들의 이야기를 들으세요. 다양한 젠더 관점을 듣는다면, 기존 경험에 대한 지식을 넓히고 공감도 더 잘할 수 있게 될 겁니다.

- 우리가 무엇을 하고, 왜 하는지에 대해 적극적으로 질문하세요. 우리 문화의 젠더 관념들과 젠더 재현을 수동적으로 소비하기보다는, 이를 허물어뜨리세요. 이 관념들이 왜 이런 방식으로 존재하는지 깊이 생각해보세요. 분석은 보다 나은 이해를 가능케 할 거예요.[17]

- 젠더표현의 자유를 촉구[18]하세요. 여러분은 젠더표현을 재미있게 하거나, 실험해볼 수 있을 거예요. 아니면 젠더 순

응적이지 않은 방식으로 표현하고 있는 친구를 향해, "와! 너 완전 대박 멋지다!"라고 말해주는 것도 좋겠지요.

'젠더'라는 단어에 대해 좀 알게 되었나요? 지금까지 젠더가 개별 자아의 문맥과 사회의 문맥에서 각각 무엇을 의미하는지 배웠어요. 젠더가 복잡하고, 다양한 측면을 가지고 있고, 모두에게 다른 경험일 수 있다는 것도 알았어요. 무엇보다 젠더가 많은 것의 콜라주라는 걸 알게 되었죠. 온갖 의미와 문맥에서, 젠더라는 단어를 어떻게 말할 수 있을까요?

---

17   알렉스 버티의 비디오가 좋은 예시입니다. 링크 http://bit.ly/2chA4hf

18   젠더표현에 대해 더 알고 싶다면 104쪽으로 가세요!

젠더는……

문맥에 따라
다른 의미를 지닌다.

우리가 타인에게 표현하거나
소통할 수 있는 무엇.

까다롭다.

사회의 맥락에서
이분법을 긍정하는,
사회적으로 구성된
분류 체계.
남성과 여성만을 본다.

개별적인 자아의 맥락에서는
존재의 상태를 뜻한다.
누군가는 남성이거나, 여성이거나
둘 다이거나, 둘 다 아니거나,
둘 사이 어딘가에 있거나, 이 둘과
전혀 다른 무엇일 수 있다.

어떤 사람에게는
타고난 것이다.

어떤 사람에게는
부재한다.

지정된 섹스와
일치할 수도 있고
그렇지 않을 수도 있다.

우리의 생각들을 해체하고
재구성하며 작업할 수 있는 무엇이다.

복잡하다.

시간에 걸쳐 변화할 수 있다.

많은 사회적 규범, 표현과
연관되어 있다.

실질적으로 어떤
규칙도 없다.

아름답다!

개인적인 것.

때로는 혼란스러운
것이다.

그러니까 여러분, 젠더란 경이롭고 복잡하고 아름답고 찬란한 거예요. 다음으로는 '젠더정체성'에 대해 조금 배워봅시다. 젠더정체성은 주로 위 요소들의 여러 부분이나 전체를 합친 하나의 표지를 말하며, 다음과 같은 것들을 알려줘요.

- 어떤 사람이 스스로의 젠더를 어떻게 이해하는지
- 누군가가 사회적 젠더 시스템의 안팎을 어떻게 탐색하는지
- 타인에게 자신이 어떻게 인식되기를 바라는지

상이한 요소들이 어떻게 합쳐지는지를 이해하고 나면, 대개 우리는 자아에 대한 개념을 형성하고 이 개념을 가장 잘 나타낼 수 있는 언어 혹은 이름표를 찾으려 노력합니다. 이게 바로 젠더정체성이죠. 젠더정체성은 한 개인이 본인의 젠더(들)를 인지하는 방식이자, 어떻게 자신을 인지하는지에 관해 타인과 소통하고자 할 때 사용하는 언어(들)입니다.

　자, 이제 여러분은 '젠더'와 '젠더정체성'이라는 용어를 이해하게 되었어요. 다음으로는 이 용어들을 어떻게 사용하는지 이야기해봐요. 이건 중요해요. 왜냐하면 시스가 아닌 사람들이, 본인의 젠더가 진지하게 다뤄지지 않는다고 느낄 만큼 우리 문화의 언어가 불균형하기 때문이에요.

　우리가 시스인 사람들을 칭할 때, '젠더정체성'이라는 용어를 얼마나 드물게 사용하는지 생각해보세요. 반면 트랜스이고 논바이너리(엔비)인 사람들에 대해서는 '젠더정체성'이라는 말을 얼마나 자주 사용하는지 생각해봐요. 아마 우리가 '젠더'라는 이 간단한 단어를 들어본 것보다 훨씬 더 많을 거예요. 실은 '젠더정

체성'은 트랜스/엔비인 사람들과 관련해 너무 자주 사용되어서, 가끔은 트랜스/엔비인 사람들에 대해 말할 때 우리 사회가 사용하는 유일한 관용구 같아 보여요.

'젠더'와 '젠더정체성'이라는 용어가 분명하게 중첩되는 지점이 있기에, 이런 상황들은 이해 가능하지요. 많은 사람에게 본인의 젠더와 젠더정체성은 동일한 거예요.[19] 그렇지만 다음 내용을 이해하는 것은 중요해요. 사회가 '정체성'이라는 단어를 계속 트랜스/엔비인 사람들에게 결합시켜 이야기하는 것이(시스인 사람들에게는 그렇게 하지 않으면서), 모든 사람의 젠더 자체가 어떤 식

으로든 조작되었거나 논란의 여지가 있는 선택지라고 생각하게
만들 수 있다는 것 말예요. 이는 매우 맥 빠지는 일이고, 이제까지
의 논의를 무효화해버리겠지요.

19 젠더와 젠더정체성이 항상 일치하지는 않았던 사람의
    예시로는 제 친구 제이크를 들 수 있어요. 제이크는 극
    히 최근에 트랜스 남성이라고 커밍아웃했어요. 그는 남
    성이고 항상 남성이었지만, 만약 누군가 몇 년 전에 그의
    젠더정체성이 무엇인지 물어봤다면 그는 '여성'이라고
    대답했을 거예요. 그때의 젠더정체성은 그의 정확한 젠
    더를 반영하지 못했던 거죠.

우리는 동사의 형태로 이러한 상황을 더욱 자주 보게 돼요. '정체
화하다'라는 단어는 트랜스/엔비인 사람들의 젠더 유효성을 약화
시키는 방식으로 여기저기서 빈번하게 발화됩니다.

시스인 경우

트랜스인 경우

마치 트랜스/엔비인 사람들이, 시스인 사람들과는 동일하지 않은
방식으로 젠더를 가지고 있는 것처럼 보이지요. 트랜스/엔비인

사람들은 지정된 섹스가 있고, 그리고 나서야 '젠더정체성'이 생긴 겁니다. 그렇지만 시스인 사람들은 '젠더'를 가진 것으로 계속해서 말해지죠. 이러한 방식의 말하기는, 시스인 사람들에 비해 시스가 아닌 사람들의 젠더가 덜 적절하거나 본래적으로 타고난 것이 아니라고 넌지시 암시하여 좌절감을 줄 수 있습니다.

그렇다면 무엇을 해야 할까요? 적절하게 사용된다면 '젠더'와 '젠더정체성'은 모두 강력한 용어입니다. 우리는 이 용어들을 언제, 어떻게 사용하는지에 관심을 가질 필요가 있어요. 먼저 스스로에게 몇 가지 질문을 던지면서 시작해볼까요.

'젠더정체성' 혹은 '정체화하다'라는 용어를 트랜스/엔비인 사람들에 대해 말할 때에만 사용하지는 않는가? 또는 이 말들을 트랜스/엔비인 사람들에게 지속적으로 사용하지는 않는가? 트랜스/엔비인 사람들에 대해 말할 때, '젠더정체성'이라는 문구를 '젠더' 대신 사용한 적이 있는가? 다른 한편으로는, 시스인 사람들이 '젠더정체성'보다는 '젠더'를 가지고 있다고 표현하는가?

만약 이 중 한 가지에라도 해당된다면, 스스로의 용어 사용 방식을 다시 살펴봐야 할지 몰라요. 트랜스/엔비인 사람들을 지칭할 때 ('젠더정체성'만 사용하는 대신) 두 용어를 다 사용함으로써, 이들의 정체성이 시스인 사람들만큼이나 진지하게 다뤄진다고 느끼게 할 수 있어요. 더불어 시스인 사람들을 지칭할 때 ('젠더'만 사용하는 대신) 두 용어를 다 사용함으로써, 시스인 사람들이 그들의 젠너 역시도 정체성이라는 사실을 다시 한 번 깨닫게 할 수 있어요. 시스인 사람의 정체성이 트랜스/엔비의 정체성보다 자연적이거나 고유한 것은 아니랍니다.

젠더표현

다음으로 젠더표현에 대해 알아봅시다. 젠더표현은 한 사람의 젠더를 표명하는 거예요. 젠더를 인식하고 표현하는 주체는 사람이에요. 젠더표현에는 옷과 언어, 보디랭귀지, 목소리, 이름, 향기, 대명사,[20] 화장품, 예술, 장식, 헤어스타일과 같은 요소가 포함될 수 있어요. 그렇지만 이것들에만 한정되어 있지는 않죠. 젠더표현은 은밀한 것일 수도 있어요.

- 특정한 목소리를 속으로만 생각하기
- 신발로 숨기더라도 페디큐어 바르기
- 보는 사람은 없지만, 특별한 속옷 입기
- 혼자 비디오 게임을 할 때 본인의 젠더와 일치하고 본인이 원하는 대명사를 사용하는 아바타를 고르기

아니면 공적일 수도 있지요.

- 사람들에게 알려줄 남성적인 이름 고르기
- 머리를 여성적으로 스타일링하거나 기르기
- 본인의 젠더와 일치한다고 생각하는 오드콜로뉴나 향수 사용하기
- 안드로지너스하게 보이길 바라며, 남성적인 옷과 여성적인 옷을 조합해 입기[21]

가끔 사람들은 다른 이들에게 자신의 젠더를 알리기 위해 젠더표현을 사용해요. 사람들에게 우리가 어떻게 받아들여졌으면 하는

지 그리고 어떤 언어를 사용해 우리를 불러야 할지에 대한 신호를 주는 거죠. 어떤 사람들에게는 젠더표현이 매우 중요합니다. 본인의 젠더를 올바른 방식으로 표현하는 것은 그들에게 다음과 같은 면에서 도움이 될 거예요.

- 본인의 젠더에 연결되고 지지받는다고[22] 느낄 수 있다.

  ⑩ "립스틱을 바르면 나 스스로를 여성이라고 느끼는 데 도움이 돼요. 반짝거리고 밝고 여성스럽죠. 그러니까 내가 이걸 발라선 안 된다면, 발랐을 때 왜 잘 어울리는 거죠?"
- 자연스럽다고 느낀다.

  ⑩ "평생 사람들은 내게 '남자처럼' 입으라고 압박했어요. 이제는 스스로를 받아들였기에 제가 원하는 건 뭐든 입어요. 무대 의상 같기만 한 '남자 옷'은 이젠 그만. 저는 뉴트로이스이고요, 기본적으로 안드로지너스의 옷에 자연히 끌려요. 그래서 그걸 입죠."
- 불쾌감[23]을 덜 수 있다.

  ⑩ "난 내 몸이 불만족스럽지만, 가끔은 진짜 내가 어떤 모습일지를 앉아서 그려봐요. 그러다 보면 웃을 수 있어요."
- 다른 사람들에게 정확한 젠더로 인식된다.

---

20   대명사에 대해 더 알고 싶다면 114쪽으로 가세요!

21   용어 '안드로지너스'에 대한 더 많은 설명은 158쪽을 참조하세요.

22   용어 '지지하다(affirm)'에 대해 더 알고 싶다면 커밍페이퍼를 보세요.

23   '불쾌감(dysphoria)'에 대해 더 알고자 한다면 127쪽을 참조하세요.

㉑ "남자처럼 입었을 때, 사람들이 주로 '그(he/him)'라는 대명사로 불러주더라고요. 정말 기분이 최고예요!"

- 사회적 압박과 기대로부터 자유로워진다.

㉑ "저는 젠더플루이드예요.[24] 제 젠더를 이해하는 일은 롤러코스터를 탄 것과도 같죠. 그러면서 여전히 사회의 기대에도 부응하려 노력하는 건 기운 빠지는 일이에요. 어느 날 이런 압박들을 창밖으로 던져버리기로 했고, 뭐든 간에 제가 귀엽다고 느끼는 걸 입기로 했어요. 그때부터 얼마나 힘이 생기고 자유로워졌는지, 말로 다 할 수 없어요! 어떤 모습을 할지를 제가 선택했다면, 남들은 상관할 바가 아니에요."

앞서 말한 것처럼, 사회에는 서로 다른 젠더들이 어떻게 표현되고 존재해야'만 하는지'에 대해 셀 수 없이 많은 관념이 있어요. 이게 바로 시중의 많은 제품이 '젠더화'되어 있는 이유죠. 저는 판매되는 모든 물건이 젠더화된 것을 보아왔어요. 옷과 화장품, 면도기, 이어폰, 자외선 차단제, 펜, 책갈피, 양초, 맥주, 심지어는 샌드위치까지 말이에요. 제품들을 이분적인 젠더 섹션으로 나누어놓는다면, 가게는 특정 젠더가 어떻게 쇼핑해야만 하는지 그리고 스스로를 어떻게 나타내야 하는지에 대한 압박을 은연중에 엄청나게 가하는 거예요.

⋯⋯실화예요? 남성용? 이건 햄버거잖아요. 음식이 어떻게 젠더화될 수 있죠? 우리 다 먹는 건데. 저게 광곱니까 방곱니까? 참나.

여기가 바로, 제가 강력하게 의견을 표출할 수밖에 없는 지점이에요. 한 회사나 브랜드가 무생물인 물건의 젠더를 결정해줄 수 있다는 건 말도 안 되죠. 제 생각을 뭔가 명확하고 간결하게 쓰고 싶었는데, 자꾸 너무 격해져서 옆길로 새버리고 횡설수설하게 되더라고요. 그래서 대신 여러분께 로언을 소개할게요. 로언은 온라인 컨텐츠 개발자 동료이고, 퀴어 페미니스트 렌즈를 통해 현명하고 분명하게 비평하는 능력을 지닌 친구예요.[25]

사람들에게 아기의 젠더를 알려주면, 다들 갑자기 예언자가 된다.

---

24 '젠더플루이드'에 대해서 더 알고 싶다면 153쪽을 참조하세요.

25 로언에 대해서 더 알고 싶다면 여기로! http://bit.ly/1TSQ70B

"아들이에요?! 당장에라도 공을 차고 돌아다니겠군요! 애 아버지처럼 약간 카사노바가 되겠어요."

"딸이에요?! 엄마가 좋아했겠군요. 엄청 귀여울 거예요! 얘가 남자친구를 데려오면 아빠가 걱정이 말이 아니겠어요!"

세심하고도 공공연하게 젠더를 밝히는 전통이 점차 인기를 얻고 있다. 겉보기에 이는 임신이라는 아주 거대한 사건을 간결하고도 사랑스럽게 축하하는 것처럼 비춰진다. 그렇지만 조 B. 파올레티와 같은 사학자들은 여기에 이보다 더 많은 의미가 있다고 봤다. 출산 전 아이의 젠더를 알게 되는 순간부터, 사람들은 그 어느 때보다 빠르게 젠더화된 물건들을 속속 사들이기 시작한다. 갓난아기가 출산실에 오기도 전에 벌써 옷과 장난감, 모빌, 아기방 장식이 당연하게 준비되어 있을 거다. 부모와 친구들, 가족들이 아이를 위해 산 것들이다. 파올레티에 따르면, 아이의 젠더를 예측할 수 있게 하는 이러한 1980년대의 기술 발전이 마케터와 제조업자들에게 영향을 주었다. 그리고 이들은 자랑스러워하는 예비 부모들에게 젠더가 구분된 제품들을 팔 기회를 덥석 잡았다. 분홍 아니면 파랑, 인형 혹은 트럭, 간호사 또는 의사, 공주 아니면 괴물. 이 풍부한 선택지들은 삶의 시작부터 아이들을 맞아주며, 평생 지속될 이분적인 구조를 창조해낸다.

겉으로는 자연스럽거나 무해해 보일 수 있지만, 어떤 사람들에게는 충격적일 수도 있는 소식에 따르면 분홍은 본래 여성적인 색이 아니다. 사실 100년도 안 된 그리 멀지 않은 과거에, 분홍은 최고로 남성적인 색으로 간주되었다. 모든 젠더화된 제품들의 역할은 그저 사람들의 경험과 젠더에 대한 이해를 제한하는 것뿐이라고 나는 생각한다. 남자아이를 위한 과학 키트부터 여자아이를 위한 메이크업 키트, BIC사의 여성용 펜, 여성들을 겨냥한 제품을 남성 것보다 더 비싸게 만드는 핑크 택스(pink tax)까지 전부 다.

젠더 뉴트럴하게 아이를 양육하고 있다거나 젠더 이분법이 임의적으로 생겨났다는 이야기를 꺼낼 때면, 그 얘기를 꺼낸 사람은 '젠더 논의를 아이들에게 강요한다'는 비난을 종종 받는다. 사람들은 보지 못한다. 젠더 이분법이라는 '규범' 자체가 논의가 가능하고 또 논의가 필요하다는 점, 이분법을 해체하는 것은 사회가 부과한 무의미한 한계들을 자유롭게 넘어서는 일이라는 사실을.

우리는 사회가 특정한 방식의 표현을 강요하지 못하도록 해야 합니다. 우리는 무엇을 좋아하든 간에, 좋아하는 대로 옷 입고, 소리 내고, 향을 풍길 수 있어요.

또한 사람들이 특정한 방식으로 표현하기로 결정하는 데에는 복잡하고 다양한 이유가 있을 수 있어요. 안전 문제, 드레스 코드, 부모의 압력, 진지하게 보이고 싶은 마음, 돈, 접근성, 문화, 종교, 그밖에 수많은 다른 요소 또한, 스스로를 표현하기 위해 사용될 수 있죠. 자신의 젠더표현에 영향을 주는 요소들에 대한 라일리의 이야기를 들어볼까요.[26]

나의 젠더표현은 솔직히 말하면, 누구 곁에 있는지에 따라 많이 바뀐다. 태어났을 때 남성(male)으로 지정된 사람으로서 나는 남성적인 특징을 더 두드러지게 갖고 있다. 그래서 여성적인 방

---

26 라일리에 대해서 더 알고 싶다면 여기로! http://bit.ly/2ctjXfs

식으로 표현하는 게 내겐 위험할 수 있다. 걸어가다 기분 나쁜 눈길을 받거나 나에 대해 수군거리는 소리를 들을 수도 있다는 말이다. 그렇지만 트랜스 여성, 특히 표면상으로 트랜스로 보이는 사람들은 다른 사람들보다 신체적으로 공격받거나 살해당할 확률이 높다. 이 사실을 알기에 나의 젠더표현은 항상 원하는 것보다 더 남성적이고, 규범에 따르는 경향이 있다. 거의 방어 기제 같은 거다.

그렇지만 원하는 대로 스스로를 드러낼 기회가 있을 때면, 소위 여성적이라고 여겨지는 것을 선호한다. 아이라이너, 레이서백 탱크톱, 한쪽 어깨를 내놓는 상의, 요가 바지, 짧은 바지, 부츠 등등. 이런 것들을 입으면 편안하게 느껴진다. 그제야 사람들이 내가 스스로를 느끼는 방식으로 나를 인지하고 있는 것 같기 때문이다. 하지만 이러한 요소들이 내 정체성을 구성하는 데 필수적인 것은 아니라고 생각한다. 몸 위에 무엇을 걸쳤는지와 상관없이 나는 같은 사람이니까.

보통 나 스스로 다른 트랜스 여성들과 조금 다르다고 느끼는 주요한 지점은, 이름을 바꾸거나 호르몬을 주입하거나 수술을 받는 것에 강렬한 욕구를 느껴본 적이 없다는 것이다. (그리고 아마 이게 내가 '논바이너리'라는 이름표를 좋아하는 이유 중 하나일 거다.) 분명하게 말하자면, 이런 식으로 느끼는 트랜스 사람들이 이상한 게 아니다. 그저 내게 맞는 경험이 아니었을 뿐. 그리고 나는 한동안 내가 그런 경험들 중 어느 것도 하지 않으리라고 생각했었다. 현재 시점에서는, 가까운 미래에 의학적인 트랜지션을 하기로 결심했다. 이걸 하려는 이유는 다른 사람들이 진짜 내가 존재하는 방식대로 나를 볼 수 있었으면 하기 때문이다. 그렇

게 되면 나를 내가 원하는 대로 보여주면서도 안전할 수 있겠지.

라일리의 이야기는 젠더표현과 나타내기에 있어 또 다른 흥미로운 측면을 보여줍니다. 다른 사람들이 우리를 어떻게 인지하는지가 언제나 우리의 통제 범위 안에 있는 것은 아니라는 면을 말이죠. 우리는 종종 표현하는 것이 우리 젠더의 공적인 부분이라고 이야기합니다. 즉, 우리가 살고 있는 세계에서 우리의 젠더를 알리는 방식인 거죠. 이건 우리가 의도적으로 전하려 하지 않아도 남들이 받아들이는 것뿐만 아니라, 우리가 전달하려고 하는 것들까지 포함해요. 예를 들어 라일리가 여성스럽게 나타날 때조차도, 누군가는 여전히 그를 남자(man)로 볼 수 있다는 걸 그도 인정합니다. 이건 바로 외모와 젠더가 일치하지 않을 수 있다는 걸 보여주지요.

그의 이야기를 보면 라일리가 젠더표현에 대해 많이 생각해왔다는 것을 분명하게 알 수 있어요. 그렇지만 모두가 그런 건 아니죠. 어떤 이들은 젠더와 전혀 관련 없는 이유들로 특정한 옷이나 메이크업, 혹은 향수를 선택하기도 해요. 스스로를 나타내는 것과 본인의 젠더 사이에 연결점을 느끼지 않을 수도 있어요. 또한 남들이 그들을 어떤 젠더로 인지하는지에 무관심한 사람들도 있죠. 충분히 그럴 수 있어요. 젠더표현에 대해 다소 무관심한 AJ를 만나봅시다.[27]

나는 자라면서 정말 어떤 '스타일'로도 정체화하지 않았다. 14살

---

[27]   AJ에 대해 여기서 더 알아보세요. http://bit.ly/2cxCaXO

때, 친구가 치마라는 놀라운 세계를 소개해줬고, 여기에 푹 빠졌었다. 그렇지만 내가 여성성을 드러내놓고 다닌다고는 절대 생각하지 않았다. 그저 '와, 이거 입으니까 좀 귀여워 보이는데!'라고 생각했다. 이게 치마 단계였다.

2년 후에는 단추를 꽉 채운 옷과 안드로지너스한 스타일에 점점 빠졌다. 딱 이때, 젠더에 대한 지식을 찾아 나섰다. 나에겐 새로운 개념이었다. 옷을 입을 때마다 내 젠더에 대해 많이 생각하게 됐다. 왜냐하면 나는 무의식적으로 젠더 역할에 순응하고 있었으니까. 안드로지너스한 옷에는 '남자 옷'이라고 이름 붙이고, 치마에는 '여자 옷'이라고 이름 붙이면서 말이다.

혼란스러운 시기였다. 안드로지너스한 옷을 입으면서도, 여전히 예전처럼 '여자 같다'고 느끼곤 했다. '여성스러운' 옷을 입으면서도, 여전히 예전처럼 '남자 같다'고 느끼곤 했다. 젠더에 대해 생각하면 하면 할수록 나는 더욱 내 옷을 이분법 위에다 늘어놓고 있었다. 나는 옷으로 표현되는 젠더가 스스로가 정체화한 젠더와 연관되어야 한다고 생각했고, 이게 내 '젠더표현'일 거라고 여겼다.

머지않아 옷 때문에 불필요한 스트레스를 받고 있다는 것을 알았고, "젠장, 내가 입고 싶은 거 입을래!"라고 말하게 되었다. 최근엔 머리를 짧게 잘랐다. 아무 이유 없이. 짧게 잘라본 적이 없어서, 새로운 걸 시도해보고 싶었다. 요즘엔 이런 시도를 그냥 '표현'이라고 부른다. '젠더표현'이 아니라. 옷이나 머리카락이 내 젠더와 반드시 상관이 있는 건 아니라고 생각하기 때문이다.

마무리를 짓자면, 젠더표현은 복잡한 문제예요. 가끔은 한 사람의 젠더를 나타내기도 하고 그렇지 않기도 하지요. 모든 사람은 어떻게 본인을 표현하고 싶은지와, 본인의 표현과 젠더 사이의 관계를 어떻게 맺을지, 스스로 결정하게 됩니다.

대명사

많은 언어는 '문법적 젠더'를 지니고 있습니다. '문법적 젠더'는 간단한 명사 분류 체계지요. 이는 명사를 다른 집단으로 나누고, 명사와 다른 종류의 단어들(형용사, 관사, 대명사, 동사 등) 사이에 인칭, 성, 수, 격 등의 일치 체계를 제공합니다. 어떤 언어는 모든 것을 젠더화합니다. 남성성이나 여성성과 별다른 문화적 연관성이 없는 단어들도요. 예를 들어 프랑스어에서 의자는 여성 명사이고, 비행기는 남성 명사입니다. 이러한 예시는 단어의 문법적인 젠더와 실제의 젠더가 얼마나 연관이 적은지를 보여주며 오히려 문법 내의 젠더는 단어를 범주화하고 단어 간의 일치 체계를 만드는 규칙과 관련이 있다는 것을 알 수 있습니다.

　세계의 다른 많은 언어와 달리, 현대 영어에는 사실 문법적인 젠더가 없습니다. 많은 대명사가 젠더와 강력하게 연결되어 있다고 보는 사람들은 놀랄 수 있겠네요. 이러한 연결은 문법적인 것이 아니라 사회적인 것입니다.

　대명사에 대해 말이 나왔으니 이게 무엇인지를 정의해볼까요. 대명사는, 고유명사를 구체적으로 사용하지 않으면서 명사를 언급할 때 사용되는 단어입니다. 사람을 부르는 데 가장 빈번하게 사용되는 것들은 아래와 같아요.

대명사	주격 대명사	목적격 대명사	소유격 한정사	소유격 대명사	재귀 대명사
He	He	Him	His	His	Himself
She	She	Her	Her	Hers	Herself

영어권 사회에서는 통상적으로 'He'를 남자(men), 'She'를 여자

(women)와 연결시키죠. 이 때문에 어떤 이들은 대명사를 종종 젠더표현의 한 가지 형태로 사용합니다.

알맞은 대명사를 사용한다면, 어떤 이들은 본인의 젠더를 긍정받았다고 느낄 수 있습니다. 이는 본인을 나타내고 싶은 방식으로 인지되고 불렸기 때문이에요. 이것이 바로 어떤 사람들에게 대명사가 매우 중요한 이유입니다. 그렇지만 한 사람을 칭하는 대명사가 젠더와는 관련이 없을 수도 있어요.(왜 본인의 젠더와 관련이 없는 대명사를 사용하길 선택하는지 잘 모르겠다고요? 기다리세요! 곧 그 문제를 다룰 거예요!)

여기에서는 가장 자주 사용되는 '젠더 뉴트럴' 대명사를 살펴봅시다.

대명사	주격 대명사	목적격 대명사	소유격 한정사	소유격 대명사	재귀 대명사
They	They	Them	Their	Theirs	Themselves

어떤 이들이 대명사 'they'를 사용하는 이유는 다양합니다. 대명사 'they'가 젠더에 대한 어떠한 정보도 내포하고 있지 않다는 점이, 그중 하나가 될 수 있지요. 따라서 어떤 사람이 '젠더뉴트럴'이라고 정체화하거나 본인의 젠더를 애매모호한 상태로 남겨두길 원한다면, 대명사 'they'는 좋은 선택지가 될 수 있지요.

대명사 'they'는 복수명사를 지칭하는 말이라서 문법적으로 올바르게 사용하려면 단수 형태로 쓸 수 없다고 하는 흔한 오해가 있어요. 이는 사실이 아니에요. 설립된 지 127년이 되었고 자리를 확실히 잡은 미국방언협회가 'they'를 2015년 그해의 단어로 선정했다는 사실에 비추어 볼 때, 대명사 'they'에 대한 기존의 생각은 정말이지 사실과 거리가 있어요. 수상의 영예를 누린 건 대명사 'they'의 전통적인 사용법이 아니라, 명확하게는 그 단어의 단수형 즉 젠더 뉴트럴한 부분이었어요. "케이든이라는 뛰어난 친구가 있어요. 그는(they) 엄청 멋지고요, 최근 들어 젠더에 대한 의문을 가지고 있어요. 정말 대단하죠!"에서처럼요. 이 대명사에 대한 찬사는 정말 엄청난 사건이었어요. 왜냐하면, 보세요. 300명이 넘는 문법학자와 언어학자가 'they'가 젠더 뉴트럴한 단수 대명사로 유효하다고 증명했는데, 누가 반박할 수 있겠어요?

'they'를 사용하고 싶지 않아 여전히 젠더 뉴트럴한 대명사를 찾고 있는 사람들을 위해, 다른 멋진 대명사 선택지들을 소개할게요.[28]

e/em/eir/eirs/emself	zay/zir/zirs/zirself
ey/em/eir/eirs/eirself	ze/hir/hir/hirs/hirself
ey/em/eir/eirs/emself	ze/zir/zir/zirs/zirself
hir/hir/hir/hirs/hirself	ze/zan/zan/zans/zanself
xe/hir/hir/hirs/hirself	zed/zed/zed/zeds/zedself
xe/xem/xyr/xyrs/xemself	zed/zed/zeir/zeirs/zeirself
xe/xim/xis/xis/xirmself	zhe/zhim/zhir/zhirs/zhirself
xe/xir/xir/xirs/xirself	zhe/zhir/zhir/zhirs/zhirself
xie/xem/xyr/xyrs/xemself	zie/zir/zir/zirs/zirself

여기까지 대명사에 대한 수많은 선택지를 탐색하고, 이러한 대명사들과 남성성/여성성 사이에 사회적으로 형성되어 있는 연관 관계를 알아봤어요.

언급된 것처럼, 스스로를 존중하기 위해서라면 어떠한 대명사든 사용할 수 있다는 사실을 꼭 유념하세요. 결국 대명사는, 호명되는 사람을 가장 잘 나타내야 한다는 목적을 지닌 단순한 소통 도구이지요. 따라서 어떤 사람이 특정한 대명사가 본인에게 가장 잘 맞는다고 느낀다면, 사회적 규범에 반할지라도 이를 사용해야 해요. 이는 트랜스 남성이 대명사 'ze'를 사용할 수 있고, 젠더플루이드인 사람[29]이 대명사 'she'를 사용할 수 있고, 데미걸인 사람[30]이 대명사 'he'를 사용할 수 있다는 걸 말합니다. 이외에도 예는 계속 들 수 있어요.

처음에 저는 어떤 사람이 왜 사회적 규범에 반하는 대명사를 사용하기로 하는지 이해하기 힘들었어요. 그때 한 친구가 비유를 들려줬고, 덕분에 이해에 큰 도움이 되었어요.

대명사는 젠더표현의 다른 형태와 같습니다. 옷을 예로 들어볼까요. 사회에는 특정 젠더인 사람이 무엇을 입어야 하고 입지 말아야 하는지에 대한 무수한 규칙과 기대가 있어요. 그럼에도 불구하고 여러분은 본인만 좋다면 뭐든 입을 수 있어요. 어떤 옷이 '다른 젠더를 위한 것'이더라도, 그 옷이 여러분에게 잘 어울리고 '내 옷처럼' 느껴질 수 있어요. 그 옷을 포기하면 안 돼요!

누군가가 '다르게 젠더화된' 옷을 입는 건 '내 옷처럼 느껴

---

28 '대명사 탈의실(Pronoun Dressing Room)'이라는 아주 멋진 사이트에서, 다양한 대명사를 사용하고 실험해볼 수 있어요. 링크 http://bit.ly/2cGrB59

29 젠더플루이드라는 것이 무슨 의미인지는 153쪽을 참조하세요.

30 데미걸(demigirl)이라는 것이 무슨 의미인지는 143쪽을 참조하세요.

지기 때문'만이 아닙니다. 젠더를 혼란시키는 게 재미있기 때문에 하는 사람도 있는데, 이들은 표현을 오직 두 가지로만 구분하는 것이 제멋대로이고 제한적이라고 생각합니다. 예를 들어 트랜스 남성이 '여성복 코너'에 있는 옷을 입을 수 있어요. "왜 반대는 안 되지? 남자가 뭘 입어야 한다는 생각은 다 바보 같아. 그런 기대에 구애받지 않고 날 표현할 거야!"라고 생각할 수도 있기 때문이지요.

옷 입기에 대한 이러한 비유는 전부 대명사에 적용될 수 있어요. 결국 우리 중 많은 사람에게 대명사는 젠더표현의 한 형태이며, 젠더를 표현하는 데 '정확한 방법'은 없어요. 토리는 대명사 규범에 순응하지 않는 멋진 사람이에요. 그의 젠더는 논바이너리이고, 대명사 she/her을 사용해요. 그 이유를 들어볼까요?[31]

나의 젠더에 대해 생각해보면, 일관성이 없다. 어떤 날에는 드레스를 입고서는 가슴을 수술로 제거한다면 어떨지 궁금해한다. 또 어떤 날엔 내게 여자다움(womanhood)이 이렇게 지독히 기분 나쁜 거라면, 남자다움(manhood)을 천국처럼 느낄 거라고 생각했다. 그런데도 나비 넥타이를 했을 때 왜 이리 기분이 나쁠까? 나의 젠더를 개념화하는 데 있어서 변하지 않는 것은, 퀴어라는 감각이다. 다시 말해 이상함, 특이함이자, 규범으로부터의 일탈이라는 감각.

젠더퀴어성(genderqueerness)이 비정상이라고 말하려는 게 아니다. 사실 나는 이게 매우 흔한 경험이라 주장하곤 한다. 내 개인적 정의에 따르면, 젠더퀴어성은 단순하게 퀴어인 젠더를 경험한 것을 의미하고 이 경험은 한 사람의 내재적인 정체성과 사회의 가치 및 기대 사이에서 인지적 불협화음을 만들어내는 것을 지칭한다.

스스로를 개념화하는 데 있어 내게는 대명사가 어떠한 역할도 하지 않는다. 사실 대명사에 대해서 꽤 무덤덤하다. 왜냐하면 이 것들이 내가 있을 곳이 없다고 느끼는, 고도로 젠더화된 사회를 나타내는 지표이기 때문이다. 그래서 나는 대명사 she/her/hers를 사용하는데, 다른 많은 이처럼 '내 대명사라고 느끼기' 때문이 아니라, 그저 편리하기 때문이다. 대부분의 사람은 나를 볼때 대명사에 대해 물어보지 않는다. 그들은 나를 여자로 지칭할 테고, 대부분 나는 그에 반론하지 않을 거다. 왜? 불협화음의 충격을 줄이고, 제정신을 유지하기 위해서다.

또 다른 모순되는 측면에서, 대명사 she/her/hers를 사용하는 것은 스스로를 불협화음 속으로 더욱 깊이 내던지는 일이기도 하다. 나의 논바이너리 정체성과 '논바이너리 대명사'를 '일치시키기'를 거부하면서, 경직되어 있는 문화를 더욱 더 혼란시키는 것이다. 어떤 젠더의 사람이든, 본인이 바란다면 어떤 대명사든 취할 수 있다. 나는 이렇게 함으로써 나 자신이 사회의 표준으로부터 더욱 멀어지고 있으며, 강해진다고 느낀다.

본인을 어떤 대명사로든 자유롭게 표현해도 되지만, 많은 트랜스/논바이너리 사람에게 대명사가 매우 중요하고도 개인적인 선택이 될 수 있다는 것을 알아야 합니다. 타인의 대명사를 존중하는 데 매우 도움이 될 실천 방법을 적어보았어요.

---

31 토리에 대해서 더 알고 싶다면 여기로! http://bit.ly/2cb5blp

- 어떤 이의 대명사를 모른다면, 추측하려 하지 마세요. 그냥 이름을 부르거나 젠더 뉴트럴한 대명사를 사용해봐도 좋고, 아니면 여러분의 대명사를 먼저 소개하면서 서먹서먹한 분위기를 깨뜨려보는 건 어떨까요?

  ㉙ "안녕, 내 이름은 애쉬고, she/her/they/them 대명사를 사용해. 네 이름과 대명사는 뭐니?"

- 누군가가 여러분에게 대명사를 알려준다면 고맙다고 말하고, 그 사람을 묘사할 때 그 단어들을 사용하려 노력하세요.

- 만약 엉망으로 잘못된 대명사를 사용하는 실수를 했다면, 여러분의 실수를 인정하고 사과하고 다른 주제로 넘어가세요.

- 대명사로 트랜스/논바이너리인 사람들을 놀리지 마세요.

  ㉙ "난 부분적으로 토스터로 정체화하고, 또 다른 부분은 특별한 눈송이로 정체화해. 내 대명사는 토스트(toast/toastself)야." 본인이 속하지 않은 주변화된 공동체를 조롱하는 건 재미있지도 근사하지도 않습니다.

- 시스인 사람들이 관례적이지 않은 대명사를 '별 이유 없이 그냥' 사용하거나 트랜스/논바이너리의 대화에 참여하기 위한 수단으로 사용하는 일은 트랜스/논바이너리인 사람들이 대명사로 인해 겪는 억압을 축소하는 행동으로 보일 수도 있다는 점을 기억해두세요! 항상 시스로서 지닌 특권을 염두에 두고, 특정 행동이 다른 사람의 경험을 보잘것없는 것처럼 만들 수 있음을 생각하면 좋을 거예요.[32]

결국 가장 중요한 건, 여러분의 대명사가 당신에게 중요할 수도, 그렇지 않을 수도 있다는 점이에요. 대명사는 여러분의 젠더를 나타내주기도 하고 또 그렇지 않을 수도 있지요. 이번 섹션의 메시지는 이거에요. 여러분이 존중하는 태도를 취한다는 전제 하에, 본인에게 가장 잘 맞는다고 여겨지는 대명사라면 무엇이든 사용하세요. 대명사는 호명하는 사람을 가장 잘 나타내야 하는 단어이고, 오직 그 사람만이 어떤 게 맞는지를 결정할 수 있어요.

마찬가지로, 다른 사람에게 여러분이 선택한 대명사를 써달라고 요청하기를 절대 불편해하지 마세요. 여러분은 정체성을 존중받고 지지받을 자격이 있어요. 스스로에게 뭐가 알맞다고 결정하든 간에 여러분의 느낌은 완전 적절한 겁니다!

---

32   시스인데 관례적이지 않은 대명사를 '그냥 별 이유 없이' 사용하는 것과, 퀘스처닝이라서 이러한 대명사를 사용하거나 실험 중이기 때문에 사용하는 것은 다릅니다. 당신의 정체성을 궁금해하는 것과 스스로에 대해 더 알기 위해 새로운 실험을 하는 건 언제나 괜찮아요!

Chapter 2:
정체성과 용어

섹스와 젠더, 젠더표현, 젠더 대명사들에 대해 알아보았고 사회가 이런 개념들을 바라보는 방식을 해체해보기도 했으니, 이제부터는 형형색색의 용어와 젠더정체성들의 거대한 바다로 풍덩 빠져볼까요!

    핵심적인 부분으로 들어가기 전에, 이 책의 내용이 누군가에게 이름표를 부착하는 용도로 사용되면 절대 안 된다는 걸 다시 한 번 강조할 필요를 느낍니다. 이러한 이름표 붙이기가 그 사람을 불편하게 만들 수 있다면요. 가장 흔하게 사용되는 젠더 용어와 정체성, 정의의 일부를 뒤에 소개해놓았어요. 하지만 사람들은 저마다의 방식으로 이 단어들로 자기정체화를 할 수 있습니다. 이름표가 그 사람의 정체성을 결정하는 건 아니지요. 어떤 사람들은 자신이 '정체성 정의에 들어맞는다'고 느끼더라도 여전히 그 이름표를 사용하지 않을 수도 있는데, 이를테면 자신과 그 용어가 서로 어울리지 않는다고 느끼기 때문일 수도 있어요. 충분히 그럴 수 있죠!

    혼란스러울 수 있는 부분인데, 여러분은 대다수의 정체성 표지의 정의가 상당 부분 서로 겹친다는 걸 눈치채게 될 거예요. 정체성 표지나 용어, 젠더에는 비슷한 게 많지만 어떤 이들에게는 그런 비슷한 말들 사이에도 중요하고 종종 미묘한 뉘앙스상의 차이들이 존재한답니다. (시험을 볼 것도 아니니) 이런 걸 다 이해할 필요는 없지만, 사람들이 각자 다른 방식으로 그 용어들과 관계되어 있기에 그만큼 다양한 말들이 존재한다는 것 정도만 아시면 될 것 같아요.

    마지막으로 여러분이 이 용어 목록을 면밀히 살펴보는 중에 길을 잃거나 헤매게 될 때를 대비해서, 용기를 북돋우는 한마디를 해드리고 싶어요. 서로 다른 정체성들에 대해 그저 호기심을 갖고 마음을 여는 것만으로도 잘하고 계신 거예요. 이 용어들에 관해 전문가가 되어야 한다는 법은 전혀 없어요. 다 외우려고 하기보다 간편한 참고서 정도로 간직하세요. 그리고 여러분 자신의 정체성에 대해서도 탐험을 계속하되, 언제든지 자신에 대해 새로운 부분이나 새로운 정의들을 발견했다든지 혹은 새롭게 젠더를 설명하는 방식을 만날 때마다, 한 이름표에서 다른 이름표로 옮겨갈 자유가 있다는 것도 잊지 마세요.

시스젠더(Cisgender)/시스(Cis)   어떤 사람이 '시스젠더' 혹은 '시스'라면, 이 사람은 자신이 태어났을 때 지정되었던 젠더/섹스로만 스스로를 정체화한다. (⑩ 내 베프 에밀리는 태어났을 때 여성female으로 지정되었고, 여성woman으로 정체화하고 있어. 그녀는 시스젠더 여성이야.)

남성(Man)   남성으로 정체화하는 사람. 간단하다!

여성(Woman)   여성으로 정체화하는 사람. 역시 간단하다!

솔직히 말하면 이 이분법적 젠더들은, 책 전체를 기획하며 제가 가장 설렜던 정체성들이기도 해요. 우리가 밝혀왔듯이 '남성'과 '여성'에는 불필요하고, 해부학적이고, 문화적인 기대들이 얽혀 있지요. 하지만 결국 두 젠더 중 하나가 되기 위해 필요한 건 단지 그렇게 정체화하는 것뿐이에요. 이제는 우리가 서로의 개인적 경험들을 존중하고 믿어줄 때예요. 한 사람이 스스로가 특정한 젠더라고 말한다면 그걸 존중해야 하죠. 결국 이름표들은 모두 주관적인 거예요. 누가 감히 어떤 사람의 판단이 다른 사람의 판단보다 더 유효하다고 말할 수 있겠어요?

　이분법적 젠더와 정체성 표지에 대한 다양한 해석을 풀어놓으면서 소개할 사람이 있어요. 남성이 된다는 게 본인에게 어떤 의미였는지, 체이스의 이야기를 들어보세요.[33]

　'남자(man)라는 것' 또는 '남자가 된다는 것'은 사회에서 부과하는 많은 선행 요건 및 기대와 함께하는 일이다. 남성은 거칠게 행동하고, 지배적이고, 여성을 대상화하고, 남성다울 것을 요구받는다. 그런데 남성성이란 게 뭐지? 오로지 남성만 가질 수 있는 특성? 남자라는 것은 남성성과도, 터프해지는 것과도, 지배하는 것과도, 심지어는 가지고 태어난 성기와도 아무 관련이 없다.
　내게 남자라는 것은 항상 세계를 탐험할 때 개인적인 평안을 얻는 것과 관련되어 있다. 사람들이 나를 '그(he)'라고 부를 때 나는 그게 맞는다고 느낀다. 상당히 여성스러운 트랜스 남자이다 보니, 내가 정말로 누구인지를 보여주기 위해 터프하게 행동하거나 그야말로 '남자가 됨'으로써 세상의 기대에 부응할 수도 있기는 하다.
　이게 바로 오랫동안 우리 사회에서 반복되어온 패턴 중 하나인 '유해한 남성성'이다. 남자가 되는 유일한 길이 남성성의 '전통적' 이상을 따르는 거라고 믿어버리게 되면, 이때 유해한 남성성이 발현하면서 특정 사람들을 콕 집어 못살게 굴게 된다. 우리가 어

33　체이스에 대해 더 알고 싶다면 여기로! http://bit.ly/2cb4KOg

릴 때 배웠던 젠더 역할이 바로 유해한 남성성을 지속시키는 가장 큰 원인일 것이다. 남자아이들이 "계집애처럼 굴지 마라" "남자답게 행동해"라는 말을 듣게 되면, '남성적인' 것 이외의 다른 방식은 별로 추구할 만한 게 아니라는 인상을 받게 된다. 결국 이런 꼬마들이 남자가 되는 길이 단 한 가지밖에 없다고 믿으면서 자라난다.

그렇지만 남자라는 건, 스스로의 몸에 귀를 기울이고 스스로의 기분을 이해하고 자신이 이 세계를 어떻게 탐험할지를 결정하는 문제다. 내게 남성이 된다는 건 특권을 덜 가진 사람들을 옹호하고, 그들이 스스로를 빛내며 표현할 수 있는 장을 열어주는 일이기도 하다. 대부분의 사람이 갖고 있는 남성성에 대한 관념은 오로지 교육에 기반하고 있다는 걸 기억하길 바란다. 남성이 된다는 건 이런 고정관념들보다 훨씬 더 많은 것을 의미한다.

비교적 널리 알려진 용어들에 대해서 알아보았으니, 지금부터는 분위기를 트랜지션해서▪ 잘못 알려지거나 잘 알려지지 않았던 젠더정체성들에 대해 알아보도록 해요!

트랜스젠더(Transgender)/트랜스(Trans)　태어났을 때 지정된 섹스 또는 젠더가 본인의 젠더정체성과 일치하지 않는 사람을 일컫는 포괄적 용어.[34]

트랜스 정체성들에 대해 보다 명확히 이해하기 위해, 트랜스 용어

▪　트랜스 관련 정체성에 대한 소개로 '전환'한다는 언어유희.

들을 좀 더 살펴볼까요.

젠더디스포리아(성별불쾌감, Gender dysphoria) 태어날 때 지정
된 섹스 혹은 젠더가 자신의 젠더와 일치하지 않기에 느끼
는 괴로움이나 불행. 불쾌감에는 크게 두 가지 종류가 있다.

- 사회적 불쾌감: 주로 사회적 상황 때문에 발생하는 불
쾌한 감정. (예) 낯선 사람이 당신이 정체화하지 않는 특
정 젠더로 예단해버릴 때의 기분.)

- 신체적 불쾌감: 신체와 관련된 불쾌한 감정. 젠더정체
성이 신체적 외양과 일치하지 않는 것처럼 여겨질 때
발생한다. (예) 트랜스 남성이 스스로가 적당하다고 생
각하는 것보다 본인의 가슴이 크다는 것을 누군가를 껴
안으면서 상기하게 될 때 느낄 수 있는 감정.)

'내 것이 아닌 듯한 몸에 갇힌' 기분을 느낀다는 트랜스젠더들의
이야기를 많이들 들어보셨을 거예요. 어떤 트랜스들은 그렇게 느
끼지만(그리고 그런 느낌은 온전히 타당해요), 또 많은 트랜스가
그렇게 느끼지 않아요. 미디어에서 주로 다뤄지는 이야기이긴 하
지만, 그게 다는 아니죠.[35]

---

34 포괄적 용어(umbrella term): 하나 이상의 정체성/지향
성/그룹의 사람들을 집단적으로 설명하거나 지칭하는
단어 혹은 어구를 말해요. 이 책에 등장하는 상당수의
포괄적 용어는 구체적인 정체성이나 독자적인 정체성을
일컫는 단어로도 사용될 수 있습니다. 포괄적 용어는 모
호함과 자율성을 허용하면서도, 많은 사람을 집단화하
고 이해하고 지칭하는 데 사용할 수 있어서 유용해요.

불쾌감에 대한 경험은 트랜스마다 다 달라요. 어떤 이들에게는 불만족스러운 감정이 미묘하게 계속되는 반면, 또 다른 이들은 극도로 깊은 슬픔을 느껴요. 나아가, 불쾌감을 아주 조금 겪거나 거의 겪지 않는 트랜스들도 있어요. 불쾌감을 느껴야만 트랜스가 되는 것은 아니에요. 밀로가 불쾌감에 관한 그만의 독특한 이야기를 들려줄 거예요.[36]

트랜스젠더들은 불쾌감을 느끼면서 본인의 트랜스젠더 정체성을 알게 되는 일이 흔하다. 자신의 젠더 지정을 좌우한 신체 부분에 불편함을 느끼면서, 그 지정젠더와 자신이 맞지 않는다고 깨닫는다고 설명하면 이해하기 쉬울 거다. 그렇지만 대부분은 심한 불쾌감을 경험하지는 않고(불쾌감을 경험하는 경우), 다른 방식으로 정체성을 알아내야 한다.

예를 들어 나는 젠더유포리아, 즉 젠더가 긍정되었을 때의 감정을 통해 나의 젠더를 알았다. 어떤 꼬마가 짧은 머리 때문에 내가 남자같이 보인다고 놀렸을 때 처음으로 젠더유포리아를 경험했다. 고맙다, 꼬맹아!

젠더와 관련한 구체적인 경험들을 설명할 수 있는데도, 내가 신체적 불쾌감을 별로 겪지 않는다는 이유로 어떤 사람들은 계속 내게 "진짜 트랜스인 건 아니잖아" 아니면 "유행 따라 트랜스젠더라고 하는 거지"라고 말한다. 불쾌감을 충분히 느끼지 않기 때문에 트랜스젠더가 아니라는 소리 듣는 건 정말 마음 아픈데, 보통 그런 말을 하는 사람들은 내가 트랜스젠더로서 진짜 고통을 겪어본 적이 없다고 예단해버리기 때문이다.

모든 트랜스젠더가 정체성 때문에 어느 정도 고통을 겪지만, 그

렇다고 해서 트랜스젠더리즘(transgenderism)이 그런 부정적
인 방식(또는 검열을 하는 방식)으로만 규정될 필요는 없다고 생
각한다. 결국 젠더라는 건 생식기로 결정되는 게 아닌데, 어떤 생
식기를 편안하게 느끼는지를 통해 어떻게 젠더가 결정될 수 있겠
는가? 나는 내 여성스러운 목소리는 불쾌하지 않지만, '그녀'라
고 불리는 건 불쾌하다.[37] 그렇지만 이러한 사실들 중 무엇도 나
의 젠더를 대중적인 검열 속에 놓아야만 할 이유가 되진 않는다.

젠더유포리아(성별충족감, Gender euphoria) 한 사람이 젠더가
긍정될 때 느끼는 엄청난 행복감 또는 편안함. 밀로가 말했
듯, 젠더유포리아는 성별불쾌감의 반대항이다. 불쾌감과
마찬가지로 젠더유포리아 역시, 사회적 혹은 신체적 상황
에 의해 촉발될 수 있다. (⑩ 트랜스 여성이 처음으로 화장
하고 아름다워졌다고 느낄 때, 혹은 어떤 학우가 트랜스 친
구가 긍정받았다는 느낌을 가지도록 올바른 대명사를 사
용하기 시작할 때.)

트랜지션(전환, transition) 자신의 젠더를 긍정하고/긍정하거나
성별불쾌감을 완화하기 위해 스스로를 받아들이고/받아들
이거나 변화를 추구하는 과정.[38] 트랜지션은 종종 개인의

---

35 라일리가 이에 관해 굉장히 멋진 비디오를 만들었어요!
    링크 http://bit.ly/2c3fl2M
36 밀로에 대해 더 알고 싶다면 여기로. http://bit.ly/2c
    9CFbn
37 이것이 사회적 불쾌감의 한 종류입니다.

신체적 표현을 변화시키는 걸 포함하기도 하지만, 여기에만 국한되지는 않는다.

사람들이 트랜지션하는 여러 방법 중 몇 가지를 살펴보겠습니다.

- 가슴 묶어 감추기/성기 감추기
- 가슴 수술(제거/확대)
- 성기 수술
- 호르몬 요법(호르몬 대체요법)
- 대명사 바꿔 쓰기
- 새로운 이름 사용하기
- 옷 다르게 입기
- 머리카락 자르기/기르기
- 목소리 훈련
- 법적 성별 변경하기 또는 이름 바꾸기
- 내가 맞는다고 느끼는 방식으로 스스로를 정체화하기
- 있는 그대로의 나를 사랑하고 받아들이기
- 젠더정체성에 대한 자신감 기르기
- 그리고 그밖의 수많은 방법!

'올바른' 트랜지션 방법이란 없어요. 어떤 트랜스 사람들은 이 리스트 가운데 많은 걸 따르겠지만, 어떤 사람들은 이것 중 단 하나도 따르지 않을 수도 있죠. 한 개인이 자신의 젠더를 재현하고 표현하는 방식 때문에 그 사람의 젠더가 더 유효해지거나 덜 유효해지지는 않아요. 자신의 젠더표현과 젠더정체성이 어떻게 연결되

어 있는지, 리안의 이야기를 들어볼까요.[39]

나는 16살 때 테스토스테론 요법을 시작할까 생각했다. 테스토스테론이 있으면 사회가 나를 좀 더 남자(man)로 받아들일 것 같았고, 내 인생도 좀 더 쉬워지지 않을까 싶었기 때문이다. 그렇지만 이를 실행하는 건 정말 중대한 결정이었고, 여러 장애물도 있었기 때문에 결국 호르몬 요법을 시작하기에 충분한 나이가

---

38   "스스로를 받아들이고/받아들이거나(and/or) 변화를 추구하는 과정"에서 '-이거나/-이고(and/or)'는 정말 중요해요. 앞서 언급했듯이, 트랜스의 경험은 서로 다 달라요. 어떤 사람들은 자신 스스로를 받아들이고 외적인 변화를 추구하는 방식으로(예를 들면 신체나 이름, 대명사를 바꾸는 것 등) 양쪽으로 트랜지션을 하는가 하면, 또 다른 사람들은 이 중에 한 가지만 하기도 한답니다. 그저 스스로가 누구인지를 받아들이는 것만으로도 충분히 트랜지션이 됐다고 느끼는 사람들도 있어요. 이 사람들은 자신의 신체, 이름, 지칭 대명사 등에 만족하기에 이를 바꿔야 할 필요는 못 느낄지도 모르죠. 어떤 사람들은 트랜지션을 했다거나 트랜지션을 하는 중이더라도, 혹은 위의 것들 중 어느 하나를 계획 중이라 해도 아예 '트랜지션'이라는 말 자체를 사용하지 않거나 이것으로 정체화하지 않을 수도 있어요.
      나아가 신체/이름/지칭 대명사 등을 바꾸려고 시도하지만 여전히 스스로를 받아들이는 걸 어려워하는 경우도 있어요. 자기 수용은 트랜지션의 필수 요소도 아닐 뿐더러 트랜지션을 시작하기 위한 필수 요소도 아니에요. 결국, 트랜지션 과정은 정말 특별하고도 개인적인 경험이라고 할 수 있답니다. 적어도 스스로가 트랜지션 중이라고 생각하는 사람들에게는 말이죠.

39   리안에 대해 더 알고 싶다면 여기로. http//bit.ly2cmHNL

될 때까지 기다리기로 했다.

돌아보면 당시에 잘했다 싶다. 18살이 되니까 테스토스테론 요법을 하고 싶은 마음이 사라졌다. 가끔 수염이나 보다 남성적인 몸매 같은 걸 원하느냐고 묻는다면, 그렇다. 하지만 노래하는 내 목소리가 변하는 건 바라지 않는다. 테스토스테론을 맞으면 분명 변하겠지.

테스토스테론 요법을 통한 트랜지션을 하지 않았다고 해서 다른 방식으로도 트랜지션을 하지 않은 건 아니다. 18살 때 가슴 수술을 받았고, 가슴에 대한 불쾌감이 사라졌다. 가슴 수술은 날 위해서 해야만 했던 것이었고, 테스토스테론 요법은 사회를 기쁘게 하기 위한 것이다. 이런 경험을 통해 오로지 나 자신을 위해 트랜지션할 수 있다는 걸 깨달았다. 주위 사람들한테 편한 길이 아니라, 나에게 맞는 길을 걸어가야 한다. 지금으로서는 내가 트랜스젠더여서 기쁘고 스스로의 길을 걸어왔다는 사실이 행복하다. 나 자신을 있는 그대로 받아들이기, 이것이 가장 중요하다.

언급했다시피, '트랜스젠더'는 포괄적 용어가 될 수 있어요. 다시 말해, 다양한 정체성을 이 용어 안에 품을 수 있단 뜻이죠. 다음으로는 트랜스라는 광범위한 범주 안에 포괄되는 몇 가지 정체성들을 함께 탐험해볼까요.

트랜스 남성(Trans man) 태어났을 때는 여성(female)이라고 지정되었고, 현재는 남성(man)인 사람. 트랜스 남성은 트랜지션을 선택할 수도 있고, 하지 않을 수도 있다.[40]

FTM ‘Female To Male’ 즉 ‘여성에서 남성으로’의 약칭. 트랜스
남성을 가리킬 때 이따금씩 쓰이는 용어.[41]

트랜스매스큘린(Transmasculine) 태어났을 때는 여성(female)
으로 지정되었고, 현재는 주로 남성적인 젠더를 지닌 사람
이거나, 스스로가 생각하는 남성적인 방식으로 자신을 표
현하는 사람. 트랜스매스큘린인 사람들은 본인이 남성성
에 연결되어 있다고 느끼지만, 자신의 일부나 모든 부분을
남성(male)이라고 정체화하지 않을 수 있다. 트랜스매스
큘린인 사람들은 다음과 같을 수 있다.

— 트랜스 남성

— 데미가이[42]

— 스스로를 남성적이라고 생각하는 논바이너리

---

40 이 단어는 종종 대안적으로 ‘트랜스남성(transman)’으
로 표기되기도 합니다. 어떤 사람들은 이렇게 쓰는 걸
싫어하는데, ‘트랜스(trans)’가 형용사라고 느끼기 때문
이에요. 예를 들어 흑인 남성 혹은 퀴어 남성처럼, 한 개
인이 지니고 있는 정체성들이 교차하는 것을 설명하는
방식이죠. 그들은 트랜스와 ‘남성’을 붙여 쓴 ‘트랜스남
성’이라는 용어가, ‘트랜스남성’이 ‘시스 남성’과 다른
부류의 남성이라는 것을 내포한다고 여깁니다. 한편 다
르게 생각하는 사람들은 ‘transman’을 하나의 단어로
사용하려고 합니다. 남성성(manhood)이 차지하는 것만
큼이나 트랜스성(transness)이 자신들의 젠더에서 많은
부분을 차지한다고 느끼기에 그렇다고 해요.

41 어떤 사람들은 이 용어가 트랜스 남성이 한때는 여성
(female)이었다는 걸 암시한다는 이유로 사용을 피한답
니다.

42 143쪽에서 ‘데미’에 대해 더 알아보세요.

— 자신의 젠더가 다른 어떤 젠더보다 남성에 가깝다고 느
끼는 논바이너리

— 다른 어떤 젠더보다 남성에 가깝다고 느끼는 멀티젠더[43]

— 본인이 주로 남성에 가깝다고 느끼는 젠더플루이드[44]

Male To Male/MTM 태어날 때 섹스 혹은 젠더가 여성(female)
으로 지정되었지만, 본인의 젠더가 단 한 번이라도 여성
이었던 적은 없다고 하는 사람. 이들은 단 한 번도 여성 젠
더에 연결되어 있다는 느낌을 받은 적이 없고, 이 때문에
FTM으로 정체화하지 않는다. 트랜지션을 하는 MTM들
이 MTM이란 용어를 사용하는 이유는 젠더가 트랜지션되
는 것이 아니라 젠더가 표현되는 방식이 트랜지션되는 것
이기 때문이다.

트랜스 여성(Trans woman) 태어났을 때는 남성(male)으로 지
정되었고, 현재는 여성(woman)인 사람. 트랜스 여성 역
시 마찬가지로 트랜지션을 선택할 수도, 하지 않을 수도 있
다.[45]

MTF 'Male To Female' 즉 '남성에서 여성으로'의 약칭. 트랜스
여성을 지칭할 때 이따금 사용된다.[46]

트랜스페미닌(Transfeminine) 태어났을 때는 남성(male)으로
지정되었고 현재는 주로 여성적인 젠더를 지닌 사람이거
나, 스스로가 생각하기에 여성적인 방식으로 자신을 표현

하는 사람. 트랜스페미닌 사람들은 본인이 여성성에 연결되어 있다고 느끼지만, 자신의 일부나 모든 부분을 여성(female)이라 정체화하지 않을 수 있다. 트랜스페미닌인 사람은 다음과 같을 수 있다.

— 트랜스 여성

— 데미걸

— 스스로를 여성적이라고 생각하는 논바이너리

— 자신의 젠더가 다른 어떤 젠더보다 여성에 가깝다고 느끼는 논바이너리

— 다른 어떤 젠더보다 여성에 가깝다고 느끼는 멀티젠더

— 본인이 주로 여성에 가깝다고 느끼는 젠더플루이드

---

43 141쪽에서 '멀티젠더'에 대해 더 알아보세요.

44 153쪽에서 '젠더플루이드'에 대해 더 알아보세요.

45 이 단어는 종종 대안적으로 '트랜스여성(transwoman)'으로 표기되기도 합니다. 어떤 사람들은 이렇게 쓰는 걸 싫어하는데, '트랜스'가 형용사라고 느끼기 때문이에요. 예를 들어 흑인 여성 혹은 퀴어 여성처럼, 한 개인이 지니고 있는 정체성들이 교차하는 것을 설명하는 방식이죠. 그들은 트랜스와 '여성'을 붙여 쓴 '트랜스여성'이라는 용어가, '트랜스여성'이 '시스 여성'과는 다른 부류의 여성이라는 것을 내포한다고 여깁니다. 한편 다르게 생각하는 사람들은 'transwoman'을 하나의 단어로 사용하려고 합니다. (이 책의 멋진 편집자) 엘리 얼릭을 포함해 어떤 사람들은, 여성성(womanhood)이 차지하는 것만큼이나 트랜스성(transness)이 자신의 젠더에서 많은 부분을 차지한다고 느끼기에 그렇게 사용한다고 해요.

46 어떤 사람들은 이 용어가 트랜스 여성이 한때는 남성(men)이었다는 걸 암시한다는 이유로 사용을 피한답니다.

Female to Female/FTF 태어날 때 섹스 혹은 젠더가 남성(male)으로 지정되었지만 본인의 젠더가 단 한 번이라도 남성(male)이었던 적은 없다고 하는 사람. 이들은 단 한 번도 남성 젠더에 연결되어 있다는 느낌을 받은 적이 없고, 이 때문에 MTF로 정체화하지 않는다. 트랜지션을 하는 FTF들이 FTF란 용어를 사용하는 이유는 젠더가 트랜지션되는 것이 아니라 젠더가 표현되는 방식이 트랜지션되는 것이기 때문이다.

여기까지, 주로 이분법적 젠더와 관련되어 있는 트랜스 정체성들에 대해 다루어보았어요. 그렇지만 유의해야 할 것은, 트랜스 정체성이 남성(men)과 여성(women)에 국한되지는 않는다는 점이에요. 한 사람이 트랜스이면서 에이젠더일수도 있고, 트랜스이면서 논바이너리일 수도, 트랜스이면서 뉴트로이스일 수도, 트랜스이면서 매버릭일 수도, 트랜스이면서 바이젠더일 수도, 트랜스이면서 트라이젠더일 수도 있어요. 이밖에도 훨씬 많은 가능성이 있지요.

트랜스섹슈얼(Transsexual) 이 단어는 보통 두 가지로 정의가 가능하다.
- 태어났을 때 지정된 섹스/젠더와는 상이한 젠더를 지닌 사람(트랜스젠더와 유사)
- 특정한 종류의 의학적 트랜지션을 받은 경험이 있거나, 받고자 하는 사람[47]

어떤 사람을 허락 없이 '트랜스섹슈얼'이라고 칭하지 마세요. 많은 사람이 이 단어를 사용하기를 꺼리는데, 다음의 이유 때문이에요.

- 좀 오래된 단어다.
- 의학적 함의가 강하다.
- 무례하고 경멸적인 방식으로 사용되던 역사가 있다.

DFAB/AFAB/FAAB 태어날 때 여성으로 지정됨, 혹은 지정된 사람(designated female at birth/assigned female at birth/female assigned at birth)의 약칭.

DMAB/AMAB/MAAB 태어날 때 남성으로 지정됨, 혹은 지정된 사람(designated male at birth/assigned male at birth/male assigned at birth)의 약칭.

위 용어들은, 시스가 아닌 사람들이 태어났을 때 그들의 젠더/섹스가 무엇으로 인식되었고 어떻게 이름 붙여졌는가를 설명하고자 할 때 사용하는 용어예요. 젠더/섹스가 사회에 의해 지정되는 것이지 그들의 실제 젠더가 반영된 것은 아님을 강조하려는 취지

---

47 의학적 트랜지션을 겪는다고 해서 그 사람이 자신을 트랜스섹슈얼로 정체화해야만 하는 건 아녜요. 또 한 가지 주의할 점은, 의학적으로 트랜지션하는 것이 하지 않는 사람보다 하는 사람을 '더욱 트랜스로' 만들어주거나 더 정당하게 만들어주는 건 아니랍니다. 트랜스에 위계나, 트랜스가 되기 위해 '가장 좋은 방법'따윈 없어요.

로 만들어졌죠. 이러한 용어들은 '타고난 젠더'라는, 형편없이 부정확하고 감수성 제로인 선택지에 대항하여 사용해야 하는 말들이랍니다. '타고난 젠더'라는 말은, 시스건 아니건 우리 모두가 의사의 판단에 의해서 출생 시 젠더 범주를 지정받는 것이 아니라 어떤 특정 젠더 범주를 타고난다고 암시하는 거예요. 결국 이건 마치 트랜스 여성은 여성(woman)으로 태어난 게 아니라는 것이나 마찬가지지요.

DFAB/AFAB/FAAB, DMAB/AMAB/MAAB와 비슷하지만 약간 다른 용어들로 다음과 같은 것이 있어요.

CAFAB/CAMAB 태어날 때 강제적으로 여성으로 지정됨, 혹은 지정된 사람(coercively assigned female at birth)과 태어날 때 강제적으로 남성으로 지정됨, 혹은 지정된 사람(coercively assigned male at birth)의 약칭.

이전에 본 용어들과 가장 큰 차이는 '강제적으로'라는 말이 붙느냐 붙지 않느냐이지요. 이 부분은 섹스/젠더 지정 과정에서 행위성이 결여되어 있다는 사실과 강압적이고도 강제적인 성질을 강조하고자 추가된 거예요.

이런 용어들이 매우 논쟁적이던 때가 있었어요. 어떤 사람들은 오로지 인터섹스인 사람만 이 용어를 쓸 수 있다고 생각했는데, 이는 많은 인터섹스 사람들이 합의가 안 된 외과적인 수술을 억지로 겪어내야만 하기 때문이에요. 트랜스/논바이너리들의 젠더가 부당하게 억압받고는 있지만, 인터섹스 젠더가 겪는 과정이 지시를 받거나 타인의 결정에 좌우되는 정도가 좀 더 크다고 본

거지요. 트랜스/논바이너리들의 성전환수술보다 의사가 인터섹스의 성별을 결정하는 일이 더욱 강압적이라고 생각하기 때문에요. 이런 이유로 어떤 사람들은 '강압적으로'라는 말이 트랜스/논바이너리들보다 인터섹스인 사람들의 경험을 정확하게 반영한다고 느낀 거죠.

한편 어떤 사람들은 이를 부당하다고 주장했어요. 애초에 트랜스가 이 용어들을 만들었고, 트랜스가 동의 없는 수술을 견뎌야 할 필요는 없을지 모르지만 이들이 경험하는 섹스/젠더지정 또한 여전히 강압적이니까요.

시간이 흐르면서, 인터섹스와 트랜스, 논바이너리 등, 시스가 아닌 모든 사람이 이 용어들을 함께 사용할 수 있으며 본인이 선택한다면 마땅히 써야 한다는 쪽으로 합의가 이루어진 것으로 보입니다.

그렇지만 인터섹스인 사람들과 트랜스/논바이너리인 사람들이 엄청나게 다른 종류의 억압을 겪고 있다는 점은 부인할 수 없어요. 이런 이유로 어떤 사람들은 인터섹스만의 유일무이한 경험을 묘사할 수 있도록 별도의 용어가 필요하다 보기도 하죠. 만약 인터섹스인 사람이 원한다면요. 그래서 나온 것이 다음의 용어들입니다.

IAFAB/IAMAB/FAFAB/FAMAB 태어날 때 여성/남성으로 지정된 인터섹스(intersex assigned female/male at birth)와 태어날 때 강제로 여성/남성으로 지정됨(forcibly assigned female/male at birth)의 약칭.

인터섹스인 사람들이 이 용어들로 꼭 정체화할 필요는 당연히 없지만, 만일 정체화하기로 선택한다면 그렇게 할 수 있겠지요.(다른 모든 경우와 마찬가지로요.) 나아가, 이 용어들은 오직 인터섹스인 사람들을 위해서만 쓰인답니다. 다른 사람들이 사용하게 되면 전유가 되겠죠.

바이젠더(Bigender) 두 젠더를 갖거나 경험하는 사람. 이 젠더들은 이분법적이거나 비이분법적일 수 있다. 두 젠더를 동시에 경험할 수도 있고, 아니면 두 젠더를 번갈아 가며 경험할 수 있는 사람. 또는 두 가지 젠더를 동등하거나 같은 방식으로 경험할 필요는 없는 사람이다. (⑩ 바이젠더인 사람은 남성이면서 여성일 수도 있고, 논바이너리이면서 여성일 수도, 혹은 에이젠더이면서 뉴트로이스일 수도 있다.)

바이젠더가 된다는 게 스스로에게 어떤 거였는지, 악셀의 이야기를 들어볼게요.[48]

> 난 바이젠더다. 어떤 때는 남성(male), 어떤 때는 여성(female), 또 어떤 때는 둘 다라는 뜻이다. 난 85퍼센트는 남성이고 10퍼센트는 여성, 나머지 5퍼센트는 남성이자 여성이다. 나를 남성으로 표현하는 게 좀 더 편안해서, 거의 그렇게 하는 편이다.
> 나는 내 젠더를 좀 더 잘 이해하고 내 젠더에 편안해지기 위해 트랜스젠더 치료사와 만나고 있다. 선생님은 내가 앞으로 어떻게 하고 싶은지 탐색하는 데 도움을 준다. 내가 호르몬 요법을 시작하거나 가슴 수술을 하고 싶은지 여부에 대해 그와 이야기한다.

또 그는 내가 품고 있는 엄청난 두려움을 이해하도록 도와준다. 이제 나는 내가 여자로 태어났지만 전반적으로는 남자라는 걸 받아들이게 되었다.

나는 몇 달 후 호르몬 요법을 시작해 나중에 가슴 수술을 받는 게 내게 가장 좋을 거라고 결정했다. 내가 거의 매일 머릿속에서 보는 남자인 내 모습을 다른 사람도 보게 될 거라 생각하면 기쁘다. 내게는 여전히 여성인 면도 있을 테지만, 장기적으로는 이렇게 하는 게 가장 행복할 거라는 걸 알게 되었다. 이런 행복과 사랑, 스스로를 편안하게 여기는 것은 내가 트랜스젠더 공동체 구성원 모두에게 염원하는 것이기도 하다.

트라이젠더(Trigender) 세 가지 젠더를 경험하거나 가지는 사람. 세 가지 젠더를 동시에 경험할 수도 있고, 아니면 그 젠더들을 번갈아가며 경험할 수도 있는 사람. 또는 세 가지 젠더를 동등하거나 같은 방식으로 경험할 필요는 없는 사람. 트라이젠더는 바이너리이거나 논바이너리일 수 있다.

멀티젠더(Multigender)/폴리젠더(Polygender) 하나 이상의 젠더를 갖거나 경험하는 사람. 어떤 개인이 멀티젠더/폴리젠더로 정체화하는 이유는, 본인이 지니거나 경험하는 젠더의 수를 모르거나 이 수가 변동하기 때문이다.

팬젠더(Pangender)/옴니젠더(Omnigender) 대부분의 팬젠더

---

48   악셀에 대해 더 알고 싶다면 여기로. http://bit.ly/2cHr
      1Hk

혹은 옴니젠더 사람들은 우리가 현재 젠더에 대해 지니고 있는 지식이 제한적이라는 걸 알고 있다. 이들은 우리가 아직 모르는 젠더가 존재한다고 보고, 무한한 수의 젠더가 있을 수 있다고 생각한다. 팬젠더/옴니젠더인 사람들은 많은 젠더를 경험하고, 때로는 모든 젠더를 다 경험하기도 한다. 이러한 멀티젠더 경험은 동시에 일어날 수 있고, 아니면 한 번에 한 젠더만 경험할 수도 있다.

이 용어들을 쓸 때는 주의할 점이 있습니다. 어떤 사람들은 이 이름표들에 잠재적인 문제가 있다고 보기도 합니다. 한 개인이 어떻게 모든 젠더를 경험하거나 가질 수 있는지 회의적인 사람들이 많습니다. 또한, 어떤 젠더들은 태생적으로 특정 문화나 사회에 연관되어 있는 경우들이 있어요. 따라서 그런 문화나 사회의 일원이 아님에도 불구하고 그에 소속된 정체성으로 스스로를 정체화할 경우는 전유라고 볼 수 있어요. 이런 잠재적인 문제들 때문에 이 이름표가 만들어졌어요.

맥시젠더(Maxigender) 맥시젠더는 많은 젠더를 경험하며, 때로는 자신에게 가능한 모든 젠더를 경험한다.

이 용어는 앞서 언급된 이름표와는 다른데, 왜냐하면 특정 젠더들이 특정 문화와 사회에 연관되어 있다고 적극 인정하기 때문이에요. 맥시젠더는 특정 개인에게 사용 가능한 (즉, 전유라고 비난받지 않을) 젠더만을 포함한답니다. 예를 들어 본인이 인도인이나 본토 미국인이 아니면서 자신을 히즈라(Hijira) 또는 투스피릿

(Two Spirit)[49]과 같이 인도 혹은 네이티브 아메리카의 문화와 명백하게 연결되어 있는 정체성으로 정체화하는 건 전유가 되지요. 맥시젠더는 이 점을 알고 있고, 특정 문화에 소속되지 않은 사람이 그 문화의 젠더로 정체화할 때 이를 인정하지 않아요!

데미~(Demi-) 자신의 젠더에 대한 확신은 없지만, 이처럼 불확실한 젠더에 부분적으로 연결되어 있다고 느끼거나 그러한 상태를 경험하는 사람. (용례: 데미가이demiguy, 데미보이demiboy, 데미걸demigirl, 데미논바이너리deminon-binary, 데미플루이드demifluid, 데미에이젠더demiagender)

예를 들면 제가 이 용어로 정체화를 합니다. 이번엔 제가 얘기를 해볼게요.

나는 스스로를 약간은 여자로 느끼면서도, 동시에 그렇게 느끼지 않기도 한다. 한 파티에서 이런 기분을 느꼈던 순간이 있다. 공학인 대학 파티였고, 친구들은 호화롭고 예스러운 갬블링 스타일로 놀려 작정하고 있었다. 모두들 도착하기 전, 여자애들은 대부분 우리 집 지하실에서 함께 준비를 하고 있었다. 화장품이며 고데기 같은 게 잔뜩 있었다. 몇 시간 안 되서 다들 섹시한 1920년대 스타일이나 화려한 쇼걸, 둘 중 하나로 변신했다.

---

49   저는 이 정체성들 중 어느 것으로도 정체화하지 않는 데다 이렇게 정체화하는 분들과 연락을 취할 수 없었기에 책에는 이 정체성들을 소개하지 않았습니다. 만일 더 알고 싶다면, 직접 찾아보시면 됩니다!

그런 와중에 내가 조끼에 바지, 넥타이 차림으로 나타나자 작은 소동이 일어났다.

"넥타이?"

"그건 안 돼!"

그리고는, 내게 강렬하고도 혼란스런 감정을 불러일으킨 말이 들려왔다.

"당연히 그래도 되지. 애슐리잖아. 얘는 진짜 여자애 같진 않잖아."

내 친구가 분위기를 가볍게 하려는 의도로, 내가 원하는 걸 입어도 된다며 두둔해주려는 의도로 그 말을 한 걸 알았는데도 불구하고, 그 말은 내 안의 방어 스위치를 켜버렸다. 마음속에서 긴 독백이 줄줄이 이어졌다.

'나 거의 확실하게 여자 맞아! 사회가 기대하는 방식으로는 아니겠지만 여자로 자라나면서 지금의 내가 만들어졌다고. 여자라는 건 나를 강하고 사려 깊고 연민을 가진 사람으로 만들어줘. 네가 나한테서 그 이름표를 빼앗아간다면 난 스스로를 완전하게 느끼지 못할 거야. 난 여자(woman)라고!'

내가 속으로 더 중얼거리지 않도록, 다른 친구가 재빠르게 치고 들어왔다.

"애슐리도 여자야. 조용히 해, 케이트."

그런데 놀랍게도 그 말에 대한 내 즉각적인 반응은 다음과 같았다.

"아닌데."

이것은 정말로, 내가 겪은 것 중에서 가장 혼란스럽고도 미온적인, 내 정체성에 대한 내적 방어이자 설명이었다. 나는 한편으론 스스로가 정말 여자 같다. 그런데 다른 한편으론, 진짜 아닌 거

같다. 어떻게 이런 게 가능한 걸까?

며칠 동안 숙고한 끝에 내가 내린 답은, 나의 정체성이 굉장히 에이젠더적이면서도 유동적인 요소를 지닌 여성이기 때문에 그랬다는 것이었다. 확실히, 내게 이름표가 붙여질 때 이 모든 면면이 인정되는 건 매우 중요하다. 그래서 '여자'라는 단어 그 자체만으로는 충분하지 않았던 것이다. 이게 내가 데미걸이란 단어에 연결되어 있다고 느끼는 이유다.

아포라젠더(Aporagender) 매우 강렬하고 구체적으로 젠더가 있다고 느끼면서도, 남성과 여성 그리고 그 사이의 무엇과도 동떨어져 있는 논바이너리 젠더. 구체적인 젠더정체성이자 포괄적 용어.

매버릭(Maverique) 남성과 여성 두 이분법적 젠더에서 완전히 독립적으로 존재하는 자주적인 젠더의 사람. 젠더가 색깔이라면, 매버릭 젠더는 다른 그 어떤 색으로부터도 출발하지 않는 최초의 색깔인 노란색이라 할 수 있다.

아포라젠더와 매버릭은 거의 동시에, 다른 사람들에 의해 만들어졌어요. 몇몇 부분에서 비슷한 점을 가지고 있다곤 해도 각기 다른 정체성이랍니다. 각각의 정체성들에 각기 다른 공동체가 있다는 점 외에도 이들 두 정체성의 가장 큰 차이점은, 아포라젠더가 다양한 젠더를 가리키는 포괄적 용어로 쓰일 수 있는 반면 매버릭은 오로지 그 자체만을 가리킨다는 것이죠.

이런 차이가 있긴 하지만, 어떤 용어를 선택해서 자신의 젠더를 나타낼지는 또한 개인적인 선호의 문제랍니다. 마치 어떤 이들이 바이와 팬 모두로 정체화하듯이 몇몇 사람은 아예 아포라젠더와 매버릭 모두로 동시에 정체화하기도 해요.[50]

　　매버릭이란 용어를 만든 베스퍼가 그 자신에게 매버릭이란 어떤 것인지를 설명해줄 거예요.[51]

　　나는 내가 남자(male)도 여자(female)도 아니면서 동시에 이분법적 젠더의 사이도, 젠더리스도 아니라는 걸 알게 되면서 처음에는 나의 논바이너리 젠더에 '뉴트로이스'라고 이름 붙였다. 겉보기엔 모든 젠더가, 설사 그것이 논바이너리라 하더라도, 어떤 식으로든 이분법적 젠더들로부터 파생하거나 기원하는 듯한 가운데서(그런 젠더가 된다는 건, 이분법적 젠더를 혼합하거나 그 사이에서 유동하거나 부분적으로 둘과 연관되는 것이다), 나의 젠더를 개념화한다는 건 굉장히 힘든 일이었다. 내 젠더가 이 두 젠더와 아무런 관계가 없다는 사실을 알고 있었지만, 그렇다고 젠더리스인 건 또 아니었으니까.

　　내 젠더에 대해 강렬하게 느끼는 만큼 다른 논바이너리 젠더들과도 유리되어 있다고 느꼈기에, 논바이너리 사람들 속에서조차 나는 고립되고 외로웠다. 스스로가 느끼는 젠더를 다른 사람들에게 설명할 언어가 아예 없었지만, '둘 다 아닌 것(neither)' 또는 '젠더뉴트럴(gender neutral)'이 내가 느끼는 젠더에 그나마 가장 가까운 것 같아서 결국 뉴트로이스에 정착했던 것이다.

　　하지만 뉴트로이스로 정체화한 2년 동안, 뉴트로이스가 내게 맞는 말이 아니라고 느꼈다. 내 실제 젠더는 그렇지 않은데 '둘 다 아닌 것'라는 말은 여전히 정말로 모호했다. 또, '젠더뉴트럴'이라는 말 역시 여전히 젠더 이분법과 모종의 연관성을 함의하고 있는데, 나는 내 젠더가 젠더 이분법이랑 정말 아무런 상관도 없다고 생각했다. 계속 실망할 수밖에 없었다.

분노와 자포자기로 스스로 문제를 타파해보리라 결심했고, 살아오면서 항상 느껴왔던 나의 젠더를 표현할 수 있는 단어를 만들었다. 그게 바로 '매버릭(maverique)'이다. 영어 'maverick'와 프랑스어 접미사 '-ique'를 합성한 혼합어다.

매버릭이란 단어를 만들게 되면서 나 자신뿐만 아니라 다른 매버릭들이 타인에게 자신이 누구인지를 설명할 수 있는 언어가 마련되었다. 이는 곧바로, 대부분의 매버릭들이 서로를 알아보고 소통하는 데 도움을 주었다. 혼자만의 작은 젠더 세계에 오랫동안 고립되어 있던 한 사람으로서, 내 주위에서 새로이 발견한 매버릭 공동체와 함께 나아가고 있다는 건 정말 말로 다할 수 없을 만큼 경이로운 일이다.

사람들은 정체성에 대한 감각이 가지고 있는 위력을 자주 과소평가하곤 하는데, 매버릭인 나야말로 그 힘을 직접 체득했다. 앞으로 언제까지나 나는 논바이너리이면서도 특히 매버릭인 나 자신을 당당하고도 자랑스럽게 생각할 것이다.

논바이너리(Non-binary) 젠더 이분법의 바깥에 있는 젠더정체성들을 위한 구체적인 정체성이자 포괄적 용어. 논바이너

---

50   바이(bi)와 팬(pan)에 대해 더 알아보려면 194-195쪽을 참조하세요.

51   베스퍼에 대해 더 알고 싶다면 여기로. http://bit.ly/1Pm404S

리인 사람은 남성도 여성도 아닐 수 있고, 동시에 다수의 젠더일 수도 있고, 젠더들 사이를 유영할 수도, 혹은 정말 다른 그 무엇일 수도 있다.

논바이너리로 정체화하는 건 특별한 경험입니다. 이에 관해서는 KB가 더 많은 걸 이야기해줄 거예요.[52]

내가 자랄 때는 논바이너리 정체성에 대한 언어들이 없었고, 그 냥 남자애 아니면 여자애 둘 중 하나였다. 그 사이에 있는 건 개 인적인 특징으로 간주되었다. 톰보이가 소년 같을 수 있고, 소년 들이 소녀 같을 수 있는 것처럼. 내 인생을 통틀어 대부분의 기간 에, 나는 나 자신을 출생 시에 지정된 것으로 정체화했다.

논바이너리라는 건 내가 혼자 알아서 발견해야만 했던 거였다. 누가 떠먹여준 것도 아니었고, 어려운 문제에 대한 답도 아니었 다. 논바이너리란 그저 나 자신의 확장일 뿐이다. 그게 내 인간관 계나 기분, 내가 토요일에 뭘 할지 같은 것들을 결정해주진 않는 다. 그저 느낌인 거다. 마치 안경을 쓰고 나서야 별이 반짝이고 달에 그림자가 있는 걸 보게 되는 것처럼, 항상 거기 있었던 건데 그냥 지금에서야 알게 된 것이다.

나는 논바이너리가 젠더(들)의 표현이라기보다는 설명이라고 생각한다. 자신다운 걸 계속해서 찾게 되기 때문이다. 난 결코 하 나의 젠더는 아니었고, 지금은 다양하게 정체화할 수 있는데 이 를테면 바이젠더, 에이젠더 등이다. 이제는 나 자신이 단지 생식 기에 따른 이분법적 분류를 넘어서는 존재라는 걸 사람들에게 알릴 언어가 있는 셈이다. 스스로를 논바이너리로 정체화하더라도, 그게 무엇인지 아직 다 알아내지는 못했다는 걸 잘 알고 있다. 그렇다 해도 괜찮다.

난 일상에서는 내 출생 대명사를 사용하고, 여전히 지정된 젠더를 사용한다. 유일하게 달라진 건 이제 나 자신이 누구인지를 말할 수 있는 언어가 생겼다는 거다. 개인적으로 논바이너리는 내가 누구인지를 좀 더 잘 이해할 수 있게 만들어준 단어다.

엔비(Nb) 논바이너리(non-binary)의 약어이자 애칭이자 줄임말.

엔비(Enby) '논바이너리인 사람'을 뜻하는 속어. '엔비(Nb)'의 발음에서 비롯됐다. (용례: "엔비들은 진짜 멋진 사람들이야!")

젠더퀴어(Genderqueer) 사회의 이분법적 젠더 개념에 순응하지 않음으로써 이 개념으로부터 벗어나 있거나 이를 넘어선 사람. 구체적 정체성이면서 동시에 다수의 비규범적인 젠더정체성과 사람, 표현 등을 설명하는 포괄적 용어이기도 하다.

젠더논컨포밍(젠더비순응, Gender nonconforming)/젠더다이버스(젠더다양, Gender diverse)/젠더베리언트(젠더이형, Gender variant)/젠더익스팬시브(젠더광범위, Gender-

---

52   KB에 대해 더 알고 싶다면 여기로! http://bit.ly/2bWq8pt

expansive) 사회의 이분법적 규범과는 다른 방식으로 자신을 정체화하거나 표현하는 사람들을 가리키는 포괄적 용어.[53]

이 용어들과 '젠더퀴어'의 가장 주요한 차이점은, 이 용어들도 정체성이 될 수 있지만 보통은 (특정 사람과 집단, 옷, 표현, 행동 등을 나타내는) 기술어로 사용된다는 거예요. 더불어 이 용어들은 시스와 시스가 아닌 사람 모두에게 연관되기도 해요. 예를 들어 논바이너리인 사람의 젠더가 순응적이지 않으면, 젠더비순응일 수 있어요. 또, 본인이 '톰보이스럽다'고 하는 시스 여성 역시 비순응적인 스타일에 있어서 젠더비순응일 수 있지요.

캐디가 자신에게 젠더비순응이란 어떤 것인지 이야기해줄 거예요.[54]

내게 젠더비순응이란, 이분법적으로 구분되어 있는 젠더 중 어느 쪽에도 얽매이지 않는 것이다. 얽매인다는 건 젠더표현일 수도 있고, 행동이나 정체성 또는 이 모든 것일 수도 있다. 논바이너리로서 내 자신에게 젠더가 전혀 없다고 느끼기에 나는 젠더비순응으로 정체화한다. 그러니까 내가 어떤 식으로 행동하고 처신하고 옷을 입든 간에 나는 젠더비순응이다. 이런 것들을 하는 게 나이기 때문이다.

젠더와 젠더표현이 원래부터 연결되어 있는 건 아니지만, 난 안드로지너스 스타일로 옷을 입는 게 가장 편하다. 그러다 보니 어떤 사람들에게는 내 외양이 남자인지 여자인지 바로 판별이 안되어서 헷갈리기도 하는 모양이다. 이렇게 너무나도 이분법 위

주인 세계에서, 다른 젠더비순응인 사람들과 소통할 수 있다는
건 굉장한 위안이 된다. 젠더가 대변된다는 느낌을 받고, 공동체
안에서 소속감을 느끼는 것은 정말이지 중요하다.

나 자신뿐 아니라 다른 사람들이 보내는 지지와 수용에 힘입어,
화장실처럼 제멋대로 젠더화된 것들은 그냥 무시해버릴 수 있게
된다. 그 대신 가슴 압박 붕대를 하거나 강렬한 색상의 매니큐어
를 바르거나 아주 멋진 패턴의 양말을 신으며 내게 잘 어울리는
스타일을 추구할 수 있다.

**젠더컨퓨전(젠더교란자, Gender Confusion)/젠더퍽(젠더까짓
것, Gender f*ck)** 자신의 젠더에 일부러 혼란을 야기하는
사람 혹은 그런 혼란을 초래하기를 즐기는 사람.

---

53   단, 젠더베리언트는 시스젠더를 규범으로 설정하고 만
      들어졌다는 이유로 점점 덜 선호되는 추세에요.
54   캐디에 대해 더 알고 싶다면 여기로. http://bit.ly/2cm
      GNrO

아마 이런 생각이 드실지도 몰라요. 누가, 왜 젠더로 사람들을 혼란스럽게 만들고 싶어할까? 자, 여기엔 몇 가지 이유가 있죠.

- 젠더 규범과 역할에 대해 입장을 표명하고자
- 젠더 이슈들을 둘러싼 논쟁을 활성화하고자
- 모호하거나 안드로지너스한 공간에 있는 것이 편안하므로

스스로를 젠더컨퓨전이라 정체화하는 카이의 경험을 들어보도록 하죠.[55]

초등학교 때, 나와 내 젠더에 너무도 혼란스러워하며 내게 다가온 같은 반 아이가 아주 생생하게 생각이 난다. 내 기억이 맞는다면, 그 애는 내가 '여학교에 입학하려고 여자처럼 입은 남자'냐고 물어보았다. 10살인 내게 그 질문은 정말 정말 행복하게 느껴졌고, 지금에 와서 돌아보아도 아직까지 그 일은 나를 미소 짓게 한다.

그 애가 내게 그렇게 물은 데에는 정말 많은 이유가 있을 거다. 난 단 한 번도 수다를 떤다거나 애들과 동그랗게 둘러앉아서 매니큐어를 칠해본 적도 없고, 보통은 나무를 타거나 '남성적인' 스포츠와 취미에 대해 이야기를 했다. 그 아이가 질문을 던진 그날은 마침 사복을 입는 날이었고, 내 평소 스타일이 남성적이고 여성적인 것들을 섞은 느낌이다 보니 아마 굉장히 남자애같이 보였나 보다.

내 젠더에 대해 누군가가 혼란스러워한 건 그때가 처음이었다. 그 이후 나는 계속해서 이와 비슷한 경험을 찾아다니고 있다. 내

가 사는 남아프리카에서는 논바이너리 젠더가 여전히 신화이거나 모닥불 피워놓고 나누는 괴담 같은 것으로 비추어진다. 때문에 젠더비순응인 것이 좀 더 힘든 건 사실이다. 그렇지만 누군가가 날 보고 이렇게 말할 때면 여전히 즐겁다.

"저, 선생님? 어, 부인? 죄송해요……."

아마도 나는 젠더 이분법에 도전하는 걸 좋아하거나, 남아프리카 사람들의 굳어진 마음을 풀어주고 싶은 욕심이 있는 걸지도 모르겠다. 좌우지간 젠더컨퓨전으로 정체화하는 건 내게 항상 큰 기쁨이었고, 앞으로도 계속 그럴 것 같다.

젠더플루이드(Genderfluid) 변화하는 젠더를 가지는 것. 젠더플루이드인 사람의 정체성은 젠더들 사이를 유동할 수 있거나, 동시에 다수의 젠더를 경험할 수 있다. 이들의 정체성은 완전히 무작위로 변화하거나 특정 상황에 따라 변화할 수 있다.

제 친구 로랜드가 최근에 젠더플루이드로 커밍아웃을 했어요. 다음은 로랜드가 어떻게 자신의 정체성을 깨닫게 되었는지에 관한 이야기입니다.[56]

　　젠더플루이드라는 건 내가 경험한 것들 중 가장 혼란스러우면서

55　카이에 대해 더 알고 싶다면 여기로. http://bit.ly/2ce1wco

56　로랜드에 대해 더 알고 싶다면 여기로. http://bit.ly/2cJKKHz

도 해방적인 것이다. 혼란스러웠던 이유 중 하나는 나의 젠더표현과 정체성을 구별 짓는 게 힘들었기 때문이다.

무엇을 입든 무엇을 하든 간에 '남자처럼 보이는' 사람으로서, 나는 내가 그저 여자애 같은 방식으로 스스로를 표현하기 좋아하는 게이일 뿐이란 소릴 지겹도록 들어왔다. 이런 건 내 젠더랑은 상관없다는 것이었다. 게다가 마침 내가 자란 지역은 젠더의 경계를 넘나들었다 하면 거리에서라도 공개적으로 괴롭힘을 당하는 곳이었다. 이런 상황이 젠더와 관련된 나의 느낌을 모조리 억누르게 만들었다.

그러다 지난 여름, 유튜브 동료들과 런던으로 이사를 간 나는 온갖 참견으로부터 완벽히 벗어나서 여성복도 입고 화장도 해보게 되었다. 정말이지 엄청난 경험이었다. 뭐는 해도 되고 뭐는 입으면 안 되는지, 어떤 행동을 해선 안 되는지 같은 소리를 듣는 데만 너무 익숙해져 있던 터라 정말로 행복하다는 게 어떤 건지 잊고 있었던 거다. 그렇지만 그 와중에도 내게 딱 맞는 정체성을 계속해서 찾고 있었다. 기분이 오늘은 이랬다가 내일은 또 저랬다가 하는 식이었지만, 내 속에서 일어나는 이런 기분 변화가 무엇인지는 누구도 내게 알려줄 수 없었으니까.

그래서 인터넷으로 다른 젠더들을 검색해보았고, '젠더플루이드'라는 말과 만나게 되었다. 펑! 머릿속에 무슨 폭죽이 터진 줄 알았다. 맞아! 이게 나야. 이게 바로 내가 느끼는 거야. 그렇게 오랜 시간 그처럼 혼란스러워한 끝에 마침내 스스로를 이해하게 되다니, 행복에 겨워 어쩔 줄을 몰랐다.

돌이켜보면 내가 가장 잘한 일은 영국으로 간 거다. 고향에 있을 때는 내가 얼마나 불행했고 그 환경이 얼마나 나 자신을 내리눌

렀는지 정말 몰랐기 때문이다. 스스로의 젠더를 이해하고 그 젠더로부터 구속받지 않고 행동하는 건, 살면서 느껴본 중에 가장 해방적인 감정이다. 논바이너리 젠더로 정체화하기 위해서 특정한 방식으로 보일 필요가 없다는 걸 사람들이 알았으면 좋겠다.

젠더플럭스(Genderflux) 젠더 경험의 강도가 변화하는 (변동을 거듭하는) 사람 (예 젠더플럭스인 사람은 어떨 땐 아주 강렬하게 또는 분명하게 스스로가 남성이라고 느낄 수도 있지만, 또 어떤 때에는 아주 약간 남성이라고 느낀다.)

이 정체성은 이해가 약간 까다로울 수도 있어요. 그래서 여기 제 친구 이사벨이 젠더플럭스가 그 자신에게 어떤 것인지 설명해줄 거예요.[57]

처음으로 내 젠더에 의문을 품기 시작했을 무렵, 루비 로즈같이 자신이 젠더플루이드라고 이야기하는 사람들을 봤다. 처음에 나는 '아, 저거 나다'라고 생각했다. 일생을 통틀어 스스로의 젠더에 대해 별로 생각을 해본 적이 없었던 데다, 나는 DFAB였던 터라 그저 어렸을 때는 톰보이였고 그렇게 '자랐다'고만 받아들이고 있었다. 하지만 곧 내가 여성적이라고 느끼는 순간이 거의 없었단 걸 깨달았고(대부분의 여자애는 자주 이렇게 느낀다는 걸 뒤늦게야 알았다), 그렇다면 그렇지 않은 때에 나는 어떻게 느꼈던 걸까, 궁금해졌다.

---

57 이사벨에 대해 더 알고 싶다면 여기로. http://bit.ly/
    2bXICuN

재빠르게, 나는 내가 젠더플루이드가 아니라는 걸 알았다. 보통 젠더플루이드란 젠더들 사이에서 왔다 갔다 하는 것임을 알게 되었기 때문이다. 예컨대 마치 한 동전의 양쪽 면처럼.(물론 이런 비유가 모두에게 다 동일하게 적용되는 건 아니다.)

내게는 서로 다른 젠더의 부분 부분과 느낌들이 한꺼번에 다가온다. 어떤 때에는 좀 더 강렬하게, 다른 때에는 거의 눈치 채지 못할 정도로 항상 섬세하게 변화한다.

나는 나의 젠더를 막대그래프로 생각하기 시작했다. 내게 이 그래프는 데미걸과 트랜스매스큘린, 젠더퀴어, 논바이너리 그리고 내가 느낄 수 있는 다른 많은 것을 표현하도록 도와준다. 만일 어떤 날 데미걸 막대그래프가 높아지고 다른 막대들은 낮아진다면, 나는 약간 소녀 같으면서도 여성적으로 느끼게 되는 거다. 특정 막대들이 높아졌다고 느낀 날들에는, 그날의 느낌 혹은 젠더를 가장 잘 나타내는 조합인 논바이너리나 젠더퀴어 혹은 안드로진[58]으로 정체화하게 될 거다. 만일 모든 막대가 낮아진다면, 아무것도 느끼지 않는 나는 에이젠더로 정체화하게 될 것이다.

내가 폴리-젠더플럭스이기는 하지만(몇 가지 서로 다른 젠더가 유동하는 걸 경험한다는 의미), 다른 사람들에겐 젠더플럭스라는 게 그저 어떤 때는 남자인 것 같다가 또 어떤 때는 별로 그런 것 같지 않은 느낌일 수도 있다.

기본적으로 내게 젠더플럭스란, 한 젠더에 대한 나의 친밀감이 늘어나고 줄어들고 변화하는 것을 말한다. 하나 이상의 젠더가 변동을 거듭할 때, 이런 느낌들은 서로 결합될 수도 있고 상호작용할 수도 있다. 또 내 스스로의 젠더를 경험하는 더 많은 가능성과 방법들을 만들어낼 수도 있다.

D   데미걸

G   젠더퀴어

T   트랜스매스큘린

N   논바이너리

etc 기타

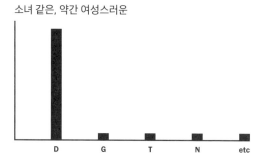

소녀 같은, 약간 여성스러운

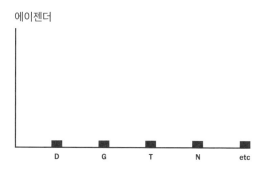

에이젠더

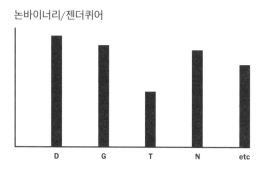

논바이너리/젠더퀴어

---

58 '안드로진(androgyne)'에 대해 더 알고 싶다면 160쪽을
    참조하세요.

안드로지너스(Androgynous) 남성성(masculine)과 여성성(feminine)으로 간주되는 특성을 둘 다 가지고 있거나, 남성적이지도 여성적이지도 않거나, 혹은 남성성과 여성성의 사이에 위치하고 있는 특성을 지니는 것.

안드로지너스라는 용어의 변화 과정은 매우 흥미로워요. 본래 이 용어의 정의는 '남성적이고 여성적인 특징을 모두 가지고 있는 것'에 국한되어 있었어요. 후에 젊은 세대가 '안드로지너스'에 '남성적이지도 여성적이지도 않음' 또는 '남성적인 것과 여성적인 것 사이'라는 의미를 도입하고서야 이런 뜻이 추가되었죠.

어떤 사람들은 이런 변화를 그다지 달갑잖아하는데, 그건 용어 본래의 의미가 퇴색된다고 생각하기 때문이에요. 어쨌든 안드로지너스인 사람(안드로지니)을 상상해보라고 한다면 보통들 '드레스를 입고서 삭발한 사람'보다는 '스키니진을 입고 언더컷▪을 한, 젠더가 불분명한 아이'가 먼저 떠오른다고 얘기할 거예요.

안드로지니의 의미 변화를 어떻게 다루어야 할지를 이해하는 건 까다로워요. 이상적으로는 용어의 본래 정의를 기억하고 인정하되, 이 용어의 새로운 사용자와 새로운 의미까지 포괄하는 방향으로 가야겠죠. 제 생각엔 이거야말로 정체성들을 삭제하지 않으면서 그렇다고 검열하는 것도 아닌 최선의 방법인 것 같아요.

안드로지니 개념은 다양한 것에 적용 가능하답니다. 젠더, 패션, 관심사, 성적정체성, 행동, 외양, 이름 등이죠. 이 용어는 시스가 아닌 사람들뿐만 아니라 시스인 사람들과도 연관될 수 있어

▪ 투블럭과 비슷한 헤어스타일.

요. 멋진 유튜버 키가 스스로에게 안드로지니란 어떤 건지를 설명
해줄 거예요.[59]

내 이름은 키. 그저 평범한 19살 남자애다. 뭐가 평범하냐고? 우
선 난 고등학교 때 스포츠를 즐겼다. 학교 레슬링 팀에서 주 대회
까지 나갈 뻔한 적도 있다. 또 비디오 게임과 보이스카우트에서
캠핑 가는 것도 좋아했고, 10대 때는 웃긴 영상을 찍으려고 화장
을 하고 가발을 쓰는 것도 재미있다고 생각했다.

아, 잠깐만. 독자들이 무슨 생각을 할지 알 것 같다. 대부분의 남
자는 가발을 쓰지도 않을뿐더러, 아마 '컨투어링 메이크업'이 무
슨 뜻인지도 모를 거라고……. 왜 난 이렇게 다를 수 있었을까?
마치 내 자리가 아닌 곳에 있는 기분이었다. 아무도 날 이해하지
못했다. 나는 남자애들에 비하면 너무 여자애 같고, 여자애들에
비하면 너무 남자애 같았다.

서서히, 나 자신을 포용해보기 시작했다. 정말 기분이 끝내주는
날엔 화장을 했고, 또 어떤 날엔 화장 따위 신경도 쓰지 않았다.
그날그날 마음이 끌리는 대로 나 자신을 표현할 수 있다는 걸 알
게 되었고, 좋았다. 그러다 한 친구가 남성 화장법을 가르쳐주는
어떤 남자의 비디오를 보여주었고, 나는 푹 빠져버렸다. 그리고
수많은 조사 끝에, '안드로지니'라는 말과 마주치게 되었다.

안드로지니의 정의는 내 정체성과 정말 잘 맞아떨어졌다. 안드
로지니라는 말은 내가 훨씬 유연한 스타일로 옷을 입을 수 있다
는 사실을 알려주었다. 또 나의 남성적이면서도 여성적인 특성

들을 모두 드러내도 된다는 걸 깨닫게 해주었다. 이제는 예전처럼 혼자라고 느끼지도 않고 오해받는 것 같지도 않다. 대신에 내 정체성을 이해해주는 온라인상의 멋진 사람을 많이 알고 있다. 그들 중 상당수는 나와 같이 안드로지너스로 정체화하기까지 한다.

그러니까, 내가 틀렸던 거다. 난 혼자가 아니었다. 그저 나 자신을 찾는 데 시간이 조금 걸렸을 뿐이고, 그렇게 자신을 찾고 나서는 나의 정체성을 함께 나눌 사람들도 만나게 되었다.

안드로지너스와 비슷하지만 약간 차이가 있는 용어로 안드로진이 있습니다. 두 용어의 가장 큰 차이점은 '안드로지너스'가 (젠더, 표현, 스타일, 행동 등을 표현하기 위한) 기술어로 더 흔히 쓰이는 데 비해 '안드로진'은 특정한 정체성/젠더라는 거예요. 좀 더 알아볼까요.

안드로진(Androgyne) 안드로지니와 관련된 논바이너리 젠더. 안드로진으로 정체화하는 사람은 남자와 여자 둘 다로 정체화할 수도 있고, 남자도 아니고 여자도 아니라고 정체화할 수도 있고, 혹은 남자와 여자 사이 어딘가에 위치하고 있다고 정체화할 수도 있다.

조이는 안드로진이라는 단어로 스스로 정체화한답니다. 그의 안드로진 경험이 어떠한지, 다음의 사랑스럽고 기발한 이야기를 들어볼게요.[60]

"음, 안드로진? 그게 뭔데? 이거 어떻게 발음하는 거야? '안드로지너스'의 화려하고 이국적인 버전처럼 보이는데, 다른 거야? 와, 진짜 모르겠다. 도와줘!"

나의 젠더정체성을 찾는 도중 안드로진이란 단어를 마주친 순간, 마음속에서 울려 퍼진 독백이다. 그러니까 마음속에서 이와 비슷한 이야기가 오간 경험이 있는 사람들을 위해 내가 어째서, 어떻게 해서 안드로진으로 정체화하게 되었는지 엄청나게 은유적인 이야기를 해보겠다.

옛날 옛적에 공주가 살았다. 공주는 평생토록 왕과 왕비로부터 '공주들은 항상 숙녀처럼 행동해야 하고, 아름다운 드레스를 입어야 하며, 매너와 우아함을 익혀야 하고, 필요하다면 잘생긴 왕자님이 와서 구해주기를 기다려야 한다'는 말을 들었다. 왕자들은 신사처럼 행동하고, 가장 멋진 수트를 입으며, 검술과 항해술을 익히고, 언제나 공주를 구해주기 위해 만반의 준비를 갖춰야 했다. 이것이 바로 '오래오래 행복하게 살았답니다'의 완벽한 전형이거나, 적어도 왕과 왕비가 공주에게 항상 해주던 이야기였다. 그런데 만일 두 분이 틀렸다면? 공주의 '오래오래 행복하게 살았답니다'는 달라질 수 있었을까?

하루는, 이 특출한 공주님이 약간의 문제 상황에 처하게 되었다. 어쩌다 악랄하고 머리가 여러 개 달리고 불까지 내뿜는 용의 소굴에 들어오게 된 거다. 시간도 없었거니와 사실 그다지 필요하지도 않았기에 공주는 자기를 구해줄 왕자님을 기다리는 짓은 하지 않기로 했다. 검도 없고, 방패도 없고, 어떻게 해야 할지 전

---

60   조이에 대해 더 알고 싶다면 여기로. http://bit.ly/2cxCzJY

혀 몰랐다. 용이 빠른 속도로 다가왔다. 왕과 왕비로부터 들어왔던 모든 말이 고개를 들어 무시무시한 입김을 공주의 얼굴에 쏟아냈다. 공주가 바닥에 자빠져서 화상을 입고 두들겨 맞을 때까지. 뭐라도 가지고 싸울 게 있다면 얼마나 좋을까, 공주는 눈을 감고 온 마음을 다해 빌었다.

그때, 간절한 외침을 들은 공주의 요정 대모가 빛나는 갑옷을 가지고서 딱 나타났다. 공주는 갑옷으로 무장하고, 꼴 보기 싫은 용의 볼기짝을 빵, 걷어차버렸다!

그 순간 그리고 그 이후의 삶 동안 공주는 더 이상 공주가 아니었고, 그렇다고 왕자도 아니었다. 그는 빛나는 갑옷을 입은 기사였다. 누구인지 예측 불가하고, 강하고, 누구도 흉내 낼 수도 없는 것 자체. 그는 고결하게 행동했고, 절대 뚫을 수 없는 갑옷을 차려 입었고, 강력한 힘으로 무기를 휘둘렀고, 지성과 체력 모두를 단련했고, 그리고 절대, 절대로 누군가가 구조해주기를 기다리지 않았다. 용을 처치하고 난 같은 날 오후에 그는 왕비님과 티타임을 가질 수도 있었고 공주님과 결혼할 수도 있었다. 그는 그 자신이었고, 그렇게 언제까지나 행복하게 살았다.

에이젠더(Agender)/젠더리스(genderless) 이 이름표들은 몇 가지로 해석이 가능하다.

- 단어 자체가 '젠더 없는(without gender)'이라 번역되고, 이는 에이젠더/젠더리스인 몇몇 사람이 젠더가 없다고 느끼는 방식이다.
- 이런 방식으로 정체화하는 사람들 중 또 다른 이들은, 본인이 좀 더 젠더 뉴트럴하다고 느낀다.

— 또 어떤 사람들은 젠더 개념 자체를 완전히 거부하거나 그들 자신에게 개인적으로 관련이 없다고 생각하기 때문에 에이젠더/젠더리스로 정체화하기도 한다.[61]

챈들러는 에이젠더예요. 그게 챈들러 자신에게 어떤 건지, 그의 이야기를 들어볼게요.[62]

처음 커밍아웃할 때 에이젠더라는 건 정신없는 경험일 거다. 세상이 자신을 어떻게 보는지, 백 번 중 아흔아홉 번은 항상 불편함을 느끼게 되는 거랑 같기 때문이다. 이런 불편은 바로 사회의 다수가 사로잡혀 있는 이분법적 생각으로부터 비롯된 것이다. 사회는 사람을 남자 또는 여자로 분류하려고 하는데, 그 때문에 남성도 여성도 아닌 나 같은 사람들은 신경이 날카로워진다.

이러한 이분법적 생각 때문에 내가 에이젠더지 트랜스 남성이 아니라는 결론을 낼 때까지 꽤 고생했다. 나는 사람들이 나를 남성으로 볼 때 기뻤는데, 그게 남성으로 보여서 기쁜 게 아니라 여성으로 보이지 않았기 때문에 기뻤다는 것을 깨달았다. 그렇다고 스스로를 남자로 느끼는 것도 아니어서, 이를 깨닫자마자 마

---

61 에이젠더와 비슷한 다른 용어들로는 다음과 같은 것들이 있어요. 젠더블랭크(genderblank), 젠더프리(genderfree), 널젠더(null gender), 논젠더드(non-gendered), 노젠더(no gender), 젠더보이드(gender void). 어떤 사람들은 이들 용어를 서로 대체하며 사용할 수 있다고 보고, 또 어떤 사람들은 이들 용어 사이의 미묘하지만 중요한 차이점들을 짚어내기도 한답니다.

62 챈들러에 대해 더 알고 싶다면 여기로. http://bit.ly/2bXKB1S

침내 내가 에이젠더인 사람이라고 온전하게 받아들일 수 있게 되었다.

어떤 사람들은 아주 어렸을 때부터 스스로가 트랜스젠더라는 걸 안다고 하는데, 나는 그렇지 않았다. 16살 전까지 내가 에이젠더라는 것도 깨닫지 못했으니까. 뒤늦게야 나는 'she/her' 대명사가 엄청나게 불편하고, 'he/him' 대명사도 그다지 맞지 않는다는 걸 분명히 알게 되었다. 옳다고 느껴지는 걸 그저 따라야 되는, 그런 인생의 순간 중 하나였고 내게는 'they/them' 대명사가 굉장히 행복하게 느껴졌다. 이 대명사는 내게 편안함을 주었고, 내 젠더뉴트럴한 정체성을 정확하게 반영했다. 스스로를 온전히 받아들이자 남의 시선을 의식하지 않아도 되었고, 쉽게 자신에게 솔직해질 수 있었다.

젠더뉴트럴(Gender Neutral) 중립적인 젠더 혹은 무엇 하나로 특정하기 힘든 젠더를 지닌 것. 이는 다음의 것들을 의미할 수 있다.
— 스스로의 젠더가 이분법적 스펙트럼의 중간에 위치해 있다고 느끼는 것.
— 스스로의 젠더가 이분적인 젠더들과 아예 관계가 없다고 느끼는 것.

케이틀린은 계속해서 LGBTQIA+ 테마에 대한 멋진 웹 쇼를 작업하는 엄청난 사람이에요. 그는 젠더뉴트럴 중에서도, 본인의 젠더가 이원 스펙트럼의 중간에 위치해 있다고 느낀다고 정체화해요. 직접 이야기를 들어볼게요.[63]

꼬마일 때 난 늘 남자아이 옷을 입고 여자아이용 장난감을 갖고 놀았고, 놀이터에 나와 있는 아이들 모두와 함께 어울려 놀았다. 나의 젠더는 뒤죽박죽이었고 항상 그 점이 불편했다. 기억 속의 나는 항상 젠더들의 기묘한 중간 지대에 있는 것 같다고 느꼈다. 사람들이 나를 '그녀(her)'라 지칭하는 것이 좀 이상했다. 그렇지만 또 남자로 착각해서 '그(he)'라고 부르면, 그것 또한 이상하게 느꼈다. 솔직히 난 내가 어딘가 고장난 건 아닐까 생각했다.

2년 전, 「카밀라(Carmilla)」라는 인터넷 시리즈물에서 스스로를 젠더퀴어라고 정체화하는 라폰타인이라는 캐릭터를 맡아 연기한 일이 있다. 이 경험을 통해 모든 것을 바라보는 시각이 바뀌었다. 내가 젠더퀴어 사람들을 적절하게 재현하고 있는지 알아보고 싶어졌고, 조사 중에 '젠더뉴트럴'이라는 정체성과 마주하게 되면서 모든 게 딱, 단숨에 분명해졌다. 자라면서 남성/여성을 넘어선 젠더들이 있다는 걸 알려주는 교육을 받지 못했던 나는, 내가 느낀 것을 나타내는 용어를 찾게 되고 정말이지 안심했다. 이제 나는 스스로를 묘사할 때 논바이너리/젠더뉴트럴이라는 용어를 사용한다. 커밍아웃을 한 지는 1년이 좀 넘어가고 있다. 결론적으로 내게 젠더뉴트럴이란, 내가 어떻게 느끼는지를 표현하는 말이다. 남성/여성 사이의 중립 지대에 있는 것 그리고 그곳에서 꽤 편안한 것 말이다.

뉴트로이스(Neutrois) 뉴트로이스인 사람은 본인의 젠더가 뉴트럴하거나 중요하지 않다고 느낄 수 있다. 뉴트로이스인 사

---

63   케이틀린에 대해 더 알고 싶다면 여기로. http://bit.ly/2cdQoic

람은 이 둘 중 하나로 느끼거나 두 느낌 사이를 왔다 갔다 하거나, 동시에 두 느낌 모두에 정체화한다.

이 정체성은 불쾌감을 경험하거나 혹은 트랜지션을 소망하는 이들을 표현해온 역사가 있어요. 종종 이렇게 느끼는 사람들은 자신들의 젠더정체성에 맞는 외모를 갖추기 위해서 남성적이거나 여성적인 젠더 표식을 전부 제거하는 걸 선호합니다. 보통 아주 젠더뉴트럴하거나 안드로지너스한 방식으로 표현하는 것들도 포함해서요. 어떤 뉴트로이스들은 의학적 트랜지션을 하기도 하고요.

물론, 불쾌감을 경험하는 것 또는 트랜지션하는 것이 뉴트로이스이기 위한 전제조건은 아닙니다. 뉴트로이스인 사람 대부분은 불쾌감을 아주 적게만 경험하거나 아예 경험하지 않고, 그 어떤 종류의 트랜지션도 바라지 않는답니다. 제니퍼의 뉴트로이스 경험을 들어볼게요.[64]

> 뉴트로이스라는 건 젠더 이분법의 완전한 바깥에서 사는 걸 의미한다. 내게 뉴트로이스란 스펙트럼의 바로 가운데에 위치하면서, 그 어떤 여성성(femaleness)이나 남성성(maleness)도 내포하고 있지 않은 젠더정체성이다. 내게 젠더가 있다는 느낌은 있다. 특정한 자아의 감각이 있다는 느낌. 그래서 젠더리스와는 상관이 없다. 나는 (이분법적 젠더들과는 달리 신체 부분이나 표현으로 제약받는 정도가 그리 심하지 않은) 다른 젠더에 친근감

■ 자매와 형제를 모두 뜻하는 영어 siblings는 젠더뉴트럴한 단어이지만 한국어는 '자매' '형제'라는 젠더화된 표현만 존재한다.

을 느낀다.

뉴트로이스 정체성 덕에 나는 they/them/their 대명사로 존중받게 되었다. 또 '사람'과 자매/형제(siblings)' 등의 젠더뉴트럴한 단어들로 불리는 걸 선호한다.[*] 이건 내 젠더정체성이 제대로 인정받고 있음을 나타내준다. 그렇지만 젠더란 나의 매우 개인적인 경험이기에, 가깝지 않은 친구들에게는 모호하게 느껴질 것이다.

그들에게 말을 했다 해도 사람들이 내 대명사를 올바르게 사용해주는 경우는 거의 없다. 이런 상황은 성별불쾌감을 유발한다. 나는 주로 사회적 불쾌감을 경험하고, 다른 이원 젠더의 사람들과 묶이는 걸 불편하게 느껴왔다. 이처럼 자주 발생하는 미스젠더링(misgendering) 즉 정체화하지 않은 용어로 불리는 상황들이 나의 '다른' 자아를 강화한다.

다시 돌아가서, 에이젠더, 젠더리스, 젠더뉴트럴 그리고 뉴트로이스 정체성들의 관계를 다루어볼까요. 어떤 사람들은 이 용어들이 꽤 비슷하다고 느낄 수도 있어요. 그런 만큼 아마도 이 용어들을 서로 대체하여 사용하거나, 모든 용어로 정체화하거나, 이 용어들을 구별해주는 분명한 선을 긋기 어렵겠지요.

또 어떤 사람들은 이 정체성들이 사실 서로 매우 다르다고 느낄 수도 있어요. 이처럼 비슷한 용어들 사이의 차이점들은 보통 미세하지만, 그런 차이점들이 이 용어들로 정체화하는 사람들에게 중요하지 않다는 건 아니에요. 약간의 차이를 구별하고 올바른

64 제니퍼에 대해 더 알고 싶다면 여기로. http://bit.ly/2c3gCqQ

정체성 표지를 사용하는 것은 어떤 이들에겐 정말로 중요한 일이거든요. 올바른 이름표는 그 어떤 단어도 포착해내지 못할 것 같았던 한 사람의 정체성을 아주 정교하게 설명해줄 수 있답니다. 누군가가 그 말을 발견하거나 사용할 때에 비로소 그들 자신을 처음으로 보게 되거나 스스로의 젠더나 지향성 등을 설명할 언어를 갖게 되는 것이지요.

또한, 정체성들은 그저 하나의 단어와 그에 대한 정의(들)가 아니라, 그 이상의 것일 수 있음을 명심하세요. 종종 하나의 정체성에는 역사와 공동체, 다른 다양한 것이 결부되어 있어요. 더불어 이러한 사실들로 인해 정체성들은 서로 겹치면서도 미묘한 차이를 가지게 되고, 어떤 사람이 무언가로 정체화하기로 (혹은 그렇게 하지 않기로) 결정하는 데에도 영향을 준답니다.

언급한 이 모든 상황 또는 느낌은 온전히 유효합니다. 이름표들은 아주 강력할 수 있고, 결국에는 개개인이 어떤 용어들을 선택하고 그것들을 어떻게 정의할 것인지에 달려 있답니다. 물론 어떤 용어와 정의, 정체성들 간 차이들은 약간 모호하게 느껴질 수도 있어요. 그렇지만 이건 나쁜 게 아니지요. 이러한 차이들이 자유와 자기정체화를 허용하니까요.[65]

인터젠더(Intergender) 인터젠더인 사람은 남자와 여자라는 이분법적 젠더 사이에서 정체화하거나, 둘을 섞어서 정체화한다. 누가 이 용어를 사용하는 게 적절할지에 대한 논쟁이 현재 진행 중이다. 이 용어에 대해서는 다음의 두 가지 주요 입장이 있다.

1   이 말에 연결되어 있다고 느끼는 모두를 위한 용어라는

입장.

2   오직 인터섹스인 사람들만이 사용할 수 있는 용어로, 다른 경우는 전부 전유라고 하는 입장. 인터섹스 정체성을 반영하는 인터섹스 개인들을 위한 단어가 필요하기 때문에, 인터섹스가 아닌 사람들은 이를 존중하여 다른 이름표들을 사용해야 한다고 본다.

젠더인디퍼런트(젠더무관심, Gender Indifferent) 자신의 젠더나 젠더표현에 관심이 없다는 것을 의미한다. 젠더인디퍼런트인 사람은 그들 자신의 개인적인 젠더에 대해 어떤 강한 느낌도 갖고 있지 않거나 전반적으로 젠더 개념을 갖고 있지 않을 수 있다.

마리온은 젠더인디퍼런트로 정체화한 사람이에요. 이것이 그에게 어떤 의미인지 이야기를 들어볼까요.[66]

고등학교 2학년 때 '나는 절대 시스가 아니다'라는 걸 알고 난 직후, 내게 맞는 것 같은 젠더 이름표를 찾아 나섰다. 솔직히 이 과정은 진짜 싫었다. 너무 많은 이름표를 거쳤기 때문이다. 어떤 것들은 며칠간만 멋지게 느껴졌고, 또 어떤 것들은 고작 한시간 정도였다. 젠더 이름표를 꼭 붙여야 할 필요가 없단 걸 알면서도 난

---

[65]   '자기정체화(self-identification)'에 대해 더 알고 싶다면 커닝페이퍼를 참고하세요!

[66]   마리온에 대해 더 알고 싶다면 여기로. http://bit.ly/2c JLLiV

그렇게 하고 싶었다. 그렇게 세 달인가 네 달가량을 왔다 갔다 하며 (언제나처럼) 텀블러를 구경하던 어느 날 누군가의 블로그를 클릭하게 되었다. 사이드바에 그 사람이 스스로를 '젠더인디퍼런트'로 정체화한다는 말이 있었고, 비록 그 블로그에 대한 다른 기억은 전혀 남아 있지 않아도 '젠더인디퍼런트'란 이름표만큼은 내 머릿속에 마치 퍼즐 조각처럼 쏙 들어왔다.

나는 젠더인디퍼런트다. 내게 젠더인디퍼런트란 나의 젠더정체성에 거리를 두고 무관심하다는 것을 뜻한다. 내가 시스가 아니라는 사실을 인지하고 존중한다는 점만 제하고는, 내 젠더에 대해 '아무렴 어때(어깨 으쓱)' 정도의 느낌만을 받는다. 내게 아무런 영향도 주지 않기 때문이다. 이런 종류의 무관심은 그대로 나의 대명사 선호(나의 경우에는 선호다)와 젠더표현에 반영된다. 나는 내가 논바이너리라는 것만 알고 이해해준다면야 사람들이 나를 무슨 대명사로 부르든 상관없다.(나를 소개할 때는 성급한 추측을 피하고자 보통은 they/them 대명사를 쓴다.) 그리고 젠더표현 면에서는, 어떤 특정한 방식으로 외양을 구현해야 할 필요는 못 느낀다. 나는 내가 좋아하는 것, 그날의 활동에 편한 옷을 입는다.

내게 맞는 이름표를 찾는 여정은 좀 이상했지만 (그리고 솔직히 말해서, 어떤 때에는 이 이름표마저 낯설게 느껴진다) 그래도 나의 논바이너리성을 표현하는 데 있어, '이름표를 미친듯이 찾아 헤매는 것'에서 좀 더 나아간 무언가를 찾아서 기쁘다.

그레이젠더(회색젠더, Graygender) 젠더를 약하게 느끼거나, 스스로의 젠더정체성이나 젠더표현에 다소 무관심한 특성이 있는 정체성. 그레이젠더인 사람들은 스스로가 젠더를 가지고 있다고 느끼면서도 한편으론 다음과 같이 느낄 수 도 있다.

— 본인의 젠더로부터 단절됨.
— 개념으로서의 젠더에 지나치게 얽매이지 않음.
— 자신의 젠더에 그다지 특별하게 의미를 부여하지 않음.
— 본인의 젠더를 매우 간헐적으로 느낌.
— 본인의 젠더를 정의하기 어려움.

자, 이렇게 섹션이 끝나는군요. 젠더들은 무한히 존재하고, 이 책 은 단지 젠더의 표면만을 훑었을 뿐이랍니다. 여러분이 어느 정도 지식을 넓힐 수 있었기를 바라고, 어쩌면 자신에게 맞는 한 두 개 의 이름표까지 찾을 수 있었기를 바라요! 혹시 여전히 여러분을 위한 젠더 용어를 찾고 있다면, 소개 부분과 책 전체에 인용된 다른 자료들도 찾아보세요. 소개한 웹사이트들에 젠더에 대한 보다 많은 정보가 가득하답니다. 그래도 자신의 용어를 찾지 못한다면, 새로운 용어를 만드는 것을 고려해봐도 좋겠지요!

덧붙여, 다음 장으로 넘어가기 전에 다음의 질문에 답을 하며 자신의 젠더에 대해 곰곰이 생각해보는 시간을 가지는 건 어떨까 해요.

- 당신은 어떤 젠더(들)를 경험하나요?(경험하는 경우.)
- 당신의 젠더(들)를 얼마나 강렬하게 경험하나요? 하나 이상의 젠더를 가지고 있다면, 그 젠더들을 동일한 정도로 경험하나요 아니면 어떤 젠더들을 다른 젠더들보다 더욱 강렬하게 경험하나요?
- 당신의 젠더(들)는 얼마나 자주 변화하나요? 얼마나 강렬하게 변화하나요?
- 최근 당신의 젠더에 의문이 든 적이 있나요?
- 지금까지 다룬 단어들 중에 당신의 젠더와 일치하거나 당신의 젠더를 설명할 수 있는 말이 있나요?

Part 3:
성적정체성과
로맨틱정체성

Chapter 3:
성적지향성과
로맨틱지향성이란
무엇인가

지금까지 젠더, 젠더정체성, 젠더표현 등을 살펴보았어요. 이제
이런 것들에 끌린다는 것(혹은 어떠한 것에도 끌리지 않는다는
것)이 무슨 의미인지 이야기해볼까요. 이제부터는 덜 알려지거나,
흔히 잘못 이해되고 있는 성적정체성과 로맨틱정체성을 파헤치
는 데 전념할 거예요. 구체적으로 들어가기에 앞서, '성적지향성'
과 '로맨틱지향성'이 무슨 의미인지 정의해봐요.

성적지향성

누군가의 성적지향성은 그 사람이 누구에게 성적으로 끌리는지
혹은 끌리지 않는지를 나타냅니다. 다음과 같은 것들이 포함되죠.

- 어떤 젠더(들)에게 성적으로 끌리는지 (예 "난 남자한테만
  흥분돼.")
- 성적끌림을 경험한다면, 얼마나 강렬하게 혹은 얼마나 자
  주 경험하는지 (예 "난 누군가에게 성적으로 끌려본 적이
  없는 것 같아.")
- 얼마나 강렬하게 혹은 얼마나 자주 성적끌림이 변화/유동
  하는지 (예 "어떤 날은 여자가 좋다가 다른 날에는 모든 젠
  더가 섹시하게 느껴져.")
- 어떤 조건에서 성적인 끌림을 경험하는지 (예 "난 누군가
  와 정서적인 유대감을 맺은 후에야 그에게 성적인 끌림을
  느낄 수 있어.")

성적끌림(Sexual attraction)은 성적인 욕망이나 흥분을 일으키는

누군가에게 관심이 높아지는 것이라고 정의할 수 있어요. 언제 어떻게 이러한 경험이 일어나는지는 사람마다 달라요. 우리 모두는 선호하는 게 다르고, 무엇을 '성적이다'라고 여기는지는 주관적이기 때문이죠.

예를 들어, 제게 있어 키스는 엄청나게 성적인 거예요. 훌륭한 키스를 하면 온몸에 닭살이 돋고, 심박 수가 올라가며, 성적인 일들을 하고 싶어지죠. 하지만 누구나 그런 것은 아니에요. 사실, 제 친구인 에스텔은 키스를 매우 다르게 생각하죠. 스킨십에 대한 그의 생각을 들어볼게요.[1]

> 몇 년 전 친구들에게 에이섹슈얼이라고 커밍아웃했을 때 그들이 내게 처음 한 질문이 바로 이거다. "그럼 키스는 어떻게 생각해?" 당황한 나는 당연한 것을 말하는 어조로 이렇게 대답했다. "키스는 섹슈얼하지 않아."
>
> 보통 이러한 것들(섹스/섹슈얼리티)이 별로 얘기되지 않아서, 나는 무의식적으로 다들 나와 똑같이 느낄 거라 가정하며 내 의견을 당연하게 여겼다. 하지만 알고 보니, 서로 다른 제스처는 사람들 각자에게 서로 다른 의미였다. 나는 가족끼리 입술에 키스하고 친척들이 서로의 볼에 입을 맞추는 걸 봐왔는데, 친구들에게 키스란 성적이지 않은 다른 무언가라고 여기기 힘든 것이었다.
>
> 개인적으로 나는 애정이 많은 사람이다. 그리고 내게 키스란 애정을 표현할 수 있는 수많은 방법 중 하나다. 엄청나게 사랑하는 친구들에게는 주로 볼에 키스한다. 그리고 로맨틱한 파트너와는 섹스하는 것이 최고다. 하지만 나는 키스와 섹스 사이에 어떤 연관성이 있는지 모르겠다. 젠장, 만약 내가 서로 거리를 느끼지 않

는 가까운 누군가와 키스를 하고 있더라도 내게는 여전히 성적이지 않은 행위다. 내게 있어 키스가 놀랍고 멋진 건 순수하게 플라토닉하거나 로맨틱하며 때로 아주 감각적이라서다.[2]

이제 여러분이 성적끌림을 경험하는지 아닌지 확실하지 않더라도 당황하지 마세요. 여러분은 혼자가 아니니까요. 이렇게 느끼는 많은 사람이 무성적인 스펙트럼에서 스스로를 정체화합니다.[3] 이 말은 일반적으로 다른 이에게 느끼는 성적끌림의 정도가 조금에서부터 거의 없음, 없음, 또는 그 정도가 유동적으로 변화하는 것까지, 다양하다는 걸 뜻해요.

만약 에이섹슈얼이 아닌 사람들이 성적끌림을 어떻게 묘사하는지 궁금하다면, 다음과 같은 공통된 특징을 살펴보세요.[4]

- 누군가와 키스하고 싶음.
- 누군가와 섹스하고 싶음.

---

1   에스텔에 대해 더 알고 싶다면 여기로. http://bit.ly/2cdQciL

2   감각적끌림(sensual attraction)과 플라토닉끌림(platonic attraction)에 대해 자세히 알고 싶다면 186쪽을 봐주세요.

3   무성애적 정체성들에 대해 더 알고 싶다면 219쪽으로 넘어가세요.

4   이 항목에 나오는 경험들이 언제나 성적끌림의 신호인 것은 아니에요. 이 경험들은 플라토닉하거나, 로맨틱하거나, 감각적이거나, 미적이거나, 완전히 임의적(alterous)끌림일 수도 있어요. 이에 대해 당장 더 알고 싶다면 219쪽으로 가거나 다음 링크로 접속해보세요. http://bit.ly/2cmHYaQ

- 누군가의 주변에 있으면 심장이 빨리 뜀.
- 누군가와 성적인 행위를 하는 상상을 함.
- 어떤 사람과 눈을 맞추는 것이 매우 강렬한 경험이라고 생각함.
- 누군가의 주변에 있으면 긴장하거나 그 사람으로 인해 두근거림.
- 피가 성기로 쏠리거나 젖꼭지가 딱딱해지는 것과 같은 성적 흥분을 경험함.
- 누군가의 곁에 있을 때 볼이 붉어짐.
- 누군가를 만지고 싶거나 가까이 있고 싶어 안달 남.
- 누군가의 벗은 몸을 보기를 갈망함.

만약 여러분이 성적인 끌림을 느끼는 것이 확실하다면, 이 경험이 모두에게 한결같거나 동일하지 않다는 것을 알아야 해요. 각자가 느끼는 성적끌림은 매우 다양합니다. 가장 분명한 예로는 젠더 선호가 있죠. 예를 들어, 어떤 사람은 남자에게만 끌릴 수도 있고, 아니면 오로지 여자에게, 아니면 남자와 여자 모두에게, 또는 논바이너리 사람들에게 혹은 모든 젠더에게 끌릴 수 있어요. 젠더 선호 외에도 성적끌림의 강도 역시 다양할 수 있어요. 누군가는 남자에게 깊고 강렬한 성적끌림을 느낄 수 있지만, 어떤 이는 약간만 남자에게 끌릴 수도 있지요. 더구나 어떤 사람들은 유동적이며 본인의 끌림이 시간이 지나면서 변한다는 것을 알게 되죠. 성적끌림에 대한 경험은 무수히 다양하고, 흥미로운 건 바로 그걸 설명하기 위한 멋진 언어가 이 세상에 많이 있다는 거예요! 지금부터는 이런 내용을 다룰 거예요.

마지막에는 우리가 어떤 것에 성적으로 끌리는지뿐만 아니라, 본인에게 어떤 것이 섹슈얼하며 섹슈얼하지 않은지 알게 될 거예요. 한마디로 말하자면, 그게 바로 성적지향성입니다.

로맨틱지향성

로맨틱지향성은 좀 다릅니다. 한 사람의 <u>로맨틱지향성</u>은 그가 누구에게 로맨틱하게 끌리는지 혹은 끌리지 않는지를 나타내요. 다음과 같은 것이죠.

- 어떤 젠더(들)에 로맨틱하게 끌리는지
- 로맨틱한 끌림을 경험한다면, 얼마나 강렬하게 혹은 자주 경험하는지
- 얼마나 강렬하게 혹은 자주 로맨틱한 끌림이 변화/유동하는지
- 어떤 조건에서 로맨틱한 끌림을 경험하는지

<u>로맨틱끌림</u>은 누군가에 대한 감정적인 욕망이나 그에게 끌리는 것 혹은 그 사람에게 갖는 애착으로 설명할 수 있습니다.[5] 누군가에게 로맨틱하게 끌리는 사람은 그에게 정서적인 가까움과 친밀함을 원할 수 있어요. 이러한 친밀함은 흔히 친구 사이나 엄격하게 플라토닉한 관계에서의 친밀함과는 다른 것으로 묘사되거나, 혹은 '그 이상'인 것으로 설명됩니다. 성적끌림과 마찬가지로 로맨틱끌림 역시 사람에 따라 다양한데, 다들 짐작하듯이, '로맨스'는 주관적이기 때문이죠. 사람들이 어떤 행동을 로맨틱하게 여기는지 궁금하다면, 매우 신뢰도가 높고 반박의 여지가 없이 과학적인 제 트위터 투표 결과를 살펴보세요.

- 그냥 하는 포옹
- 이마 키스

- 유머감각
- 약한 모습
- 성격이 잘 맞음
- 서로에 대한 신뢰
- 케이크를 먹으며 비디오 게임 데이트
- 신뢰 쌓기
- 섹스[6]
- 어려운 상황들을 함께 헤쳐 나가기
- 파트너가 뒤에서 껴안으며 당신의 머리카락을 다정하게 만지작거릴 때

---

5   어떤 이들은 '로맨틱끌림'이 이러한 감정을 설명하는 가장 정확한 방법이라고 생각하지 않아요. 그들은 '로맨스'가 자본주의를 퍼뜨리고 여자를 억압하기 위해 최근에 만들어진 서구의 발명품이라고 주장하며, 대신에 '정서적끌림(emotional attraction)'을 제안합니다. 그러나 현재 '로맨스'는 너무나도 광범위하게 쓰이고 있고, 아마 많은 독자가 '로맨틱지향성'이나 '로맨틱끌림(들)'으로 스스로를 규정하고 있을 것이므로 이 책은 '로맨스/로맨틱'이라는 용어를 사용합니다.

6   이 리스트에 '섹스'가 있는 게 의아하다면, 조금 더 풀어 봅시다. 사람들이 섹스를 낭만적이라고 생각하는 방식은 몇 가지가 있어요. 예를 들어 누군가에게 섹스란 순전히 로맨틱한 경험으로, 그들은 흥분해서가 아니라 섹스가 만드는 친밀감과 정서적인 가까움을 즐기기 때문에 섹스에 참여할 수 있어요. 다른 누군가에게 섹스는 낭만적이면서도 성적인 경험일 수 있어요. 즉 친밀하고 정서적인 유대를 즐기면서 동시에 성적으로 흥분을 느낀다는 뜻이죠. 또, 섹스는 로맨틱한 관계나 느낌이 전혀 없이 순전히 성적일 수도 있어요!

- 파트너가 당신의 핸드폰 배터리가 거의 떨어진 것을 알아차리고는 부탁하지 않았는데도 당신을 위해 충전해줄 때
- 방귀 뀌기 시합
- 애인에게 메시지로 하트 이모티콘을 잔뜩 보내기♥♥♥

이렇듯, 사람들이 '로맨틱하다'고 여기는 것의 범위는 매우 넓습니다. 또한 로맨틱끌림을 적게 경험하거나, 아예 경험하기 못하거나, 혹은 그 정도가 변동하는 경우도 얼마든지 가능하죠. 이러한 많은 사람은 자신의 정체성이 에이로맨틱 스펙트럼에 속한다고 정체화합니다.[7] 결국 끌림의 강도와 빈도는 물론이고, 누구에게 로맨틱하게 끌리는지가(끌림을 느낀다면) 여러분의 로맨틱지향성을 규정하는 데 도움이 될 거예요.

성적지향성과 로맨틱지향성은 어떻게 다를까?

사회는 흔히 성적지향성과 로맨틱지향성을 하나로 보지만 실제로 둘은 매우 다를 수 있어요. 물론 이 두 지향성이 상호작용하고 중복될 수 있으며 많은 이에게 그러하지만, 전혀 별개의 것일 수도 있답니다.[8] 예를 들면, 누군가는 모든 젠더에게 로맨틱한 관심이 있지만, 성적 관심은 한 특정 젠더에게만 있을 수 있어요. 저를 예로 들어보면, 제 성적지향성과 로맨틱지향성은 전적으로 같이 가지 않아요. 제 성적지향성은 '팬섹슈얼'이고 로맨틱지향성은 '호모플렉시블'이랍니다.

제게 '팬섹슈얼'이라는 건 모든 젠더를 섹시하다고 느끼는 걸 뜻해요. 제가 성적으로 끌리는 특징에는 짧은 머리, 문신, 생기 넘치는 눈, 주근깨, 튼튼한 몸, 굴곡, 상냥한 미소, 모험심, 열정, 재능 그리고 자신감이 있어요. 만약 이 특징을 모두 가진 누군가가 있다면, 그 사람이 스스로를 남자나 여자, 에이젠더, 논바이너리 혹은 그 어떠한 젠더로 규정하건 간에 그가 엄청 끝내준다고 생각할거예요! 그 사람에게 키스하고 싶고, 그 사람을 만지고 싶고, 그 사람이 셔츠를 벗고 복근을 자랑한다 해도 아마 나쁘지 않겠죠. 저는 이런 사람들에게 성적으로 매력을 느낀답니다.

하지만 로맨틱하게 보자면 주로 여자에게 관심이 있어요. (이것이 '호모플렉시블'의 '호모'에 해당하는 부분이죠.) 다른 젠

---

7   에이로맨틱(aromantic) 정체성을 더 깊이 있게 알고 싶다면 220쪽을 참조하세요!

8   어떤 이들은 이걸 '복합 지향성(mixed orientation)'이라고 부릅니다.

더에 비해 여성의 에너지와 다정함에 왠지 더 자주 마음이 흔들려요. 게다가 로맨틱하게 끌리는 여성과 사랑에 기반을 둔 진지한 관계를 맺고 싶어하는 경향이 있어요.

그렇지만 제 로맨틱끌림이 여성에게만 한정되어 있지는 않아요. 과거의 중요했던 끌림 중에 예외들이 있었죠. 몇몇 남자들에게 로맨틱하게 빠졌었거든요.(이게 '호모플렉시블'에서 '플렉시블'에 해당하는 부분이에요.) 이는 흔치 않은 일이지만, 이 경험을 통해 제 성적지향성과 로맨틱지향성이 별개라는 것을 알게 되었답니다.

제 친구 조도 성적지향성과 로맨틱지향성이 일치하지 않는 사람인지라, 멋진 예시가 되어줄 거예요. 조의 이야기를 소개할게요.[9]

아주 어릴 적부터 나는 여자애들에게 로맨틱하게든 성적으로든 끌리지 않는다는 걸 알았다. 어릴 때부터 '게이'가 된다는 게 어떤 의미인지 안다는 것은, 바로 스스로가 '다른 사람'이라는 걸 안다는 것이다.

그래서 난 오랫동안 내가 게이라고 생각했다. 하지만 청소년기에 나는 내가 남자에게 잘 끌리지 않는다는 걸 깨달았다. 미래에 남자와 함께하는 어떠한 종류의 '규범적인' 삶을 상상할 수도 없을뿐더러 친밀한 관계가 어떨지를 그릴 수도 없었다. 지금은 어쩌면 이런 느낌이 부분적으로는 내면화된 동성애혐오증 때문일 수도 있다고 생각하긴 하지만, 열네 살부터 열여덟 살 사이에는 무척 힘든 시간을 보냈다. 이성애자, 양성애자, 혹은 그 이외의 무엇이기는커녕, 스스로 게이라고 느끼지도 않았다. 그래서 당시에는 어떠한 정체성도, 심지어 '호모'처럼 경멸적인 의미가 들어가 있는 정체성조차 와 닿지가 않았다. 이렇게 계속 정체성이 모호한 상태였기에, 오랫동안 정신건강 문제로 병치레를 했다.

나중에 무성애라는 개념을 알게 된 후 스스로를 새롭게 바라볼 수 있게 되었다. 나와 같은 젠더에게 반하는 것과 그들에게 성적인 행위를 하고 싶은 욕망이 없는 것은 서로 충돌하지 않으며 갈등할 필요가 없다. 사실 성적끌림과 로맨틱끌림이 별개로 작동하는 건 지극히 정상적인 것이었다. 해방감을 느꼈고, 편안해졌다. '동성애규범(homonorm)'[10]의 기대에 부응하는 방식이 아니라, 마침내 내게 유효한 방식으로 정체성을 표현할 수 있게 된 것이다. 어떤 경우에도 성적끌림을 경험하지 않지만, 나는 나와 같은 젠더에 감정적으로 끌리는 호모로맨티시즘(homoromanticism)의 영향 속에 있다. 때문에 자신을 에이스와 게이라는 두 정체성으로 규정하게 되었다. 이게 정확하긴 한데, 이 두 정체성 각각의 문화와 이에 대한 각각의 기대가 매우 다르기 때문에 나는 나 자신에게도 다른 사람들에게도 혼란을 줄 수 있을 것이다. 그렇지만 이 둘이 함께 갈 수 있도록 계속 노력해야 한다.

여러분이 책장을 넘기며 세상에 존재하는 무수한 지향성을 분류하기 시작하려 한다면, 기억하세요. 여러분도 누군가에게 로맨틱

---

9   조에 대해 자세히 알고 싶다면 여기로! http://bit.ly/2cHscGW

10   규범(norms)에 대해 더욱 알고 싶다면 커닝페이퍼를 살펴보세요!

하게 끌리지 않으면서 성적으로 끌리거나 혹은 그 반대의 경우도 얼마든지 있을 수 있다는 걸 말이에요.[11]

---

11 성적끌림과 로맨틱끌림 이외에도 많은 종류의 끌림이 있어요! 예를 들어볼게요.

• 미적끌림(Aesthetic attraction): 섹스 혹은 로맨스와는 본래적으로 연결되지 않는, 외모에 대한 감탄. (예 "저 사람 진짜 끝내준다. 옷이랑 머리 스타일, 얼굴이랑 몸까지 완벽해!" "가서 번호 따!" "오 아니야, 키스하고 싶다거나 연애하고 싶다거나 그런 게 아니라, 그냥 멀리서 감탄할 뿐이야.")

• 플라토닉끌림(Platonic attraction): 우정, 친밀감이나 정서적 가까움을 갈망하여 끌리는 것.

• 감각적끌림(Sensual attraction): 섹스 혹은 로맨스와는 본래적으로 연결되지 않는 방식으로 감각을 (가장 뚜렷하게는 촉각이나 후각) 자극하는 것. 예를 들어 그 사람의 향기에 끌린다거나, 그 사람의 감촉이 좋아 손을 잡거나 껴안고 싶어지는 것 등.

• 얼터러스끌림(Alterous attraction): 플라토닉하지도 로맨틱하지도 않은 정서적 친밀함을 갈망하는 것. (예 너와 로맨틱하거나 성적인 관계가 되고 싶지는 않아. 하지만 친구와는 다른 차원으로 정서적으로 가까워지고 싶어.)

이러한 끌림들에 대해 더욱 자세히 알고 싶다면 여기를 살펴보세요. http://bit.ly/2cmHYaQ

Chapter 4:
정체성과 용어

지금까지 여러분은 성적지향성과 로맨틱지향성이 무엇이며 이 둘이 어떻게 대조되는지에 대한 기초적인 정보를 얻었어요. 다음으로는, 구체적인 지향성 이름표와 접두사, 접미사뿐만 아니라 성적정체성과 로맨틱정체성에 대해 살펴보며 이들이 무엇을 뜻하는지 알아볼게요.[12]

젠더 하나에 끌림

먼저, 하나의 젠더에 끌리는 것과 관련된 지향성과 정체성을 살펴보겠어요.

모노~(Mono-) 모노섹슈얼리티(단성애, Monosexuality)/모노로맨티시즘(단성로맨티시즘, monoromanticism)은 오직 한 젠더에 끌린다.

예를 들면 저의 가장 친한 친구인 에밀리는 스스로를 남성에게만 끌리는 여성으로 정체화해요. 반면, 제 약혼자 그레이스는 여자인데, 주로 다른 여성에게 끌림을 경험하죠. 둘 다 하나의 젠더에만 끌리기 때문에, 둘의 끌림을 모두 모노섹슈얼이라고 설명할 수 있어요.

접두사 모노(mono-)에 대해 주목해야 할 중요한 점들은 다음과 같습니다.

- 누군가 적극적으로 본인의 지향성을 주장하기 위한 용어

라기보다는, 주로 설명어로 사용된다.
- 여러 이유로 이 용어에 문제를 제기하는 사람들이 있다.
  - 이들은 이 용어가 젠더 하나에 끌림을 경험하는 LGBTQIA+ 사람들을 이성애자들과 하나로 묶어버린다고 생각한다. 이 점은 LGBTQIA+ 사람들이 이성애자들이 누리는 것과 같은 특권이 없음에도 동일하게 취급된다는 점에서 불쾌할 수 있다. 이 용어는 LGBTQIA+ 사람들이 마주하는 역경을 지워버리며 무효로 만든다.
  - 이 용어는 하나의 젠더에 끌림을 경험하는 사람들에게 경멸적이며 모욕적인 방식으로 사용된 역사가 있다. 이는 그들이 '충분히 퀴어하지' 않다는 것을 암시했다.
  - 어떤 사람들은 이 용어가 타인의 동의 없이 그들을 규정하는 데 너무 흔히 쓰이고, 그게 잘못이라고 느낀다.[13]

헤테로~(Hetero-)/스트레이트(Straight)   이분법적 젠더 구도 안에서 다른 젠더(남성은 여성, 여성은 남성)에게 끌리는 것.[14]

---

12 모든 접두사/접미사와 이름표는 성적지향과 로맨틱지향 두 경우에 모두 적용될 수 있습니다.
13 저는 그레이스와 에밀리에게 그들 자신의 지향성을 모노섹슈얼이라고 설명할 수 있는지 물어봤고, 이 둘은 그 지향성에 편안함을 느낀다고 답했어요.

190

앞서 예로 든 에밀리는 오직 남자에게만 끌리기 때문에, 스트레이트/헤테로라고 볼 수 있어요.

호모~(Homo-) 호모섹슈얼(동성애자, Homosexual)/호모로맨틱(동성로맨틱, Homoromantic)[15]은 어떤 사람이 본인과 같거나 비슷한[16] 젠더(들)에게 끌리는 것을 말한다. (예 여성에게 성적으로 끌리는 여성은 호모섹슈얼일 수 있다.)

레즈비언(Lesbian) 흔히 다른 여성에게 끌리는 여성을 지칭한다. 그러나 스스로가 여성(womanhood)과 관련되어 있다고 느끼며 여성에게 끌리는 논바이너리 혹은 젠더퀴어인 사람들 또한 이 용어로 스스로를 정체화한다.

게이(Gay) 이 이름표는 다음 경우에 쓰인다.
1 특히 남성에게 끌리는 남성을 지칭할 때.
2 주로 자신과 같거나 비슷한 젠더에 끌리는 사람을 지칭할 때. (예 게이 남자와 레즈비언.)
3 덧붙여, 스트레이트가 아닌 모든 이를 위한 포괄적 용어로 사용되기도 한다.[17] (예 레즈비언, 바이섹슈얼, 팬섹슈얼, 퀴어, 노보섹슈얼 등.)

많은 사람이 제 사랑스러운 약혼자 그레이스를 처음 보면 레즈비언이라고 생각하지만, 사실 그레이스는 '게이'라는 정체성 표지를 선호해요. 그 이유를 들어봅시다.[18]

처음 커밍아웃을 했을 때 나는 이 세상에 존재하는 다양하면서
서로 다른 LGBTQIA+ 정체성들을 잘 몰랐다. 가톨릭 사립학교에
서 13년을 보낸 19살짜리였던 나는, LGBTQIA+ 공동체에 대해
별로 교육받지 못했다. 그래서 커밍아웃을 하기 시작했을 때 나
는 내가 알던 유일한 정체성 이름표인 '레즈비언'을 사용했다.

지금도 가끔은 스스로를 설명할 때 이 용어를 쓴다. 하지만 주력
수식어는 더 이상 아니다. 내게 '레즈비언'이란 말은 전혀 맞지 않
는다. 왜냐하면 이 용어는 내가 여성이라는 걸 암시하는데, 나는

---

14 제가 '반대의(opposite)' 대신 '다른(other)'이라는 말을
    쓴다는 걸 눈치 채셨나요? 이는 '반대의(opposite)'와 같
    은 말이 이분법을 영속화한다는 걸 강조하기 위함이에
    요. 이분법 안에서조차 '반대의' 젠더란 존재하지 않습
    니다. 남성과 여성은 서로 반대가 아니고, 단지 이분법
    의 두 구성원일 뿐이랍니다.

15 '호모섹슈얼리티(homosexuality)'가 통상적인 LG-
    BTQIA+ 언어에서 선호가 많이 줄고 있는 구식 단어라
    고 여기는 사람들도 있습니다.

16 '비슷한(similar)'이라는 말은, 논바이너리인 개인들을
    포함하기 위해 꼭 필요한 단어랍니다. 논바이너리 정체
    성이 아주 다양하므로 완전히 똑같은 젠더를 가진 두 명
    의 논바이너리인 사람을 찾기란 거의 불가능하기 때문
    입니다.

17 '게이'를 이런 식으로 쓰는 걸 싫어하는 사람들도 있어
    요. 왜냐하면 LGTBQIA+ 공동체 안의 다른 정체성들
    을 지우고 혹은 그 정체성들보다 게이인 사람들의 경험
    을 우선시한다고 느끼기 때문이에요. 예를 들어 '프라이
    드(pride)' 대신 '게이 프라이드' 혹은 'LGBTQIA+ 권
    리' 대신 '게이 권리'라고 말하는 것은 멀티섹슈얼, 트랜
    스, 무성애 등의 사람들을 인정하지 않는 듯 보이지요.

18 그레이스에 대해 더 알고 싶다면 여기로 가세요. http://
    bit.ly/2cJN1lW

때로 스스로가 전혀 여성적이지 않다고 느끼기 때문이다. 나는 사실 젠더 스펙트럼에서 조금씩 변화하기에, '레즈비언'으로 나의 젠더를 표현하기에는 한계가 있다고 느낀다.

요즘에는 '게이'라는 이름표를 선호한다. 이 용어가 나의 젠더를 여성으로 한계 짓지 않는다고 느끼기 때문이다. 나는 사람들이 스스로를 편안하게 하는 정체성 표지를 사용하는 것이 중요하다고 생각한다. 사회가 통상적으로 연관 짓는 표지가 아니라. 내 경우엔 교육의 부족으로 인해 맞지도 않는 상자에 밀어 넣어져버렸었다. 이제는 좀 더 스스로를 정체화한 것을 받아들이며 스스로가 만족하는 이름표를 사용한다. 지금의 나는 정체성을 배워가는 학생이며, 내 정체성도 아마 계속해서 변할 것이다.

제 약혼자와 마찬가지로 저도 스스로를 설명하기 위해 때로 '게이'를 사용합니다. 저는 저와 다른 젠더에게 끌리는데도 불구하고 이 이름표를 주장하는 셈인데, 이게 왜 저에게 옳은 것처럼 느껴지는지를 설명하기란 어려워요. 아마 남들이 받아들이기에 '게이'가 '바이'나 '팬'보다 쉽기 때문일지도 몰라요. 사람들에게 내가 '팬'이라고 하려면 설명이 필요할 때가 많고, '바이'라고 얘기하면 곤란하거나 선을 넘는 질문들을 종종 듣게 됩니다.("그럼 어떤 젠더가 더 좋아?" "그럼 남자랑 여자 둘 다하고 섹스해봤어?")

그렇지만 '게이'는 단순하며, 대부분의 사람이 무슨 의미인지 알아요. 쉽게 이해할 수 있는 이 용어를 사용하게 되면 다른 이름표들에 부착된 낙인과 질문으로부터 벗어날 수 있는 거죠. 제겐 숨통을 틔워주고 나인 그대로 있을 수 있는, 그런 시공간을 확보해주는 셈이에요. 어쨌든 복잡하거나 우리 사회에 덜 알려진 정체성을 끊임없이 설명하고 다루는 건 진을 빼는 일일 수 있어요.

할 수만 있다면 멋진 일이긴 하겠지만, 계속해서 사람들에게 가르쳐주는 게 LGBTQIA+의 일은 아닙니다. 어쩌면 이게 너무 과해질 때가 스스로를 돌보는 연습을 해야 할 때입니다. 저에게 있어 자기 돌봄[19]이란, 단순하고 명료하며 질문의 여지가 없는 이름표를 사용하는 거였어요.

어떤 때에는 제가 LGBTQIA+ 공동체에 속해 있다고 느끼게 해주기 때문에 '게이'라는 용어를 사용해요. 바이포비아는 슬프지만 현실에서 일어나는 일이고, 그로 인해 일부 LGBTAQIA+ 사람들은 멀티섹슈얼인 사람들을 LGBTQIA+의 장에 포함시키길 꺼려하고 있어요. 앞서 얘기한 것처럼 어떤 때는 솔직히 너무 지쳐서 이걸 상대할 수 없어요. 제 퀴어성이 질문받기를 원치 않기에, 그냥 '게이'라고 말해요.

지금까지 말한 건 제가 스트레스와 집요한 질문을 피하기 위해 '게이'를 사용하는 경우들이에요. 하지만 어떤 때는, 제 호모플렉시블-로맨티시즘(homoflexible-romanticism) 때문에 '게이'라는 이름표와 상당히 연결되어 있다고 느껴요. 무엇보다 여자와 연애하는 것에 주로 관심 있는데, 그래서 '게이'는 저를 알맞고 정확하게 설명하는 용어라고 느껴요. 물론 모든 건 그때그때의 상황과 특정 순간에 제가 어떻게 느끼는지에 달려 있어요. 어쨌거나 '게이'는 때로 저를 설명하는 확실한 단어랍니다.

---

[19] 자기 돌봄(Self-care): 몸과 마음을 건강히 유지하기. 맑은 정신과 행복을 유지하기 위해 스스로에게 잠시 멈추기 혹은 휴식을 허락하는 것 그리고 자신에게 행하는 사랑, 인내, 감사의 행위를 포함합니다.

젠더 다수에 끌림

이번에는 여러 젠더에 끌리는 것과 관련된 지향성과 정체성을 다뤄볼게요. 이러한 끌림은 둘, 셋, 넷, 심지어 무한한 수의 젠더에의 끌림까지 어떠한 경우에든 해당될 수 있어요. 준비하세요, 이 부분은 이전 부분보다 훨씬 길고 더욱 다양하답니다.

멀티~(Multi-)/논-모노~(Non-mono-) 멀티섹슈얼리티(Multi-sexuality) = 논-모노섹슈얼리티(Non-monosexuality), 멀티로맨티시즘(Multiromanticism) = 논-모노로맨티시즘(Non-monoromanticism)은 하나 이상의 젠더에 끌리는 것을 설명하는 기술어이자 지향성이다. (예 바이, 폴리, 팬, 옴니섹슈얼/옴니로맨틱인 사람들은 모두 하나 이상의 젠더에 끌리므로, 멀티섹슈얼/로맨틱 혹은 논모노섹슈얼/로맨틱이라고 여겨질 수 있다.)

바이~(Bi-) 바이섹슈얼리티/바이로맨티시즘(Bisexuality/ro-manticism)은 여러 가지를 뜻할 수 있다. 가장 흔한 두 가지 정의는 다음과 같다.

1 두 젠더에게 끌리는 것. (예 남성와 여성, 남성과 데미가이[20] 혹은 매버릭과 뉴트로이스에게 끌리는 것.)

2 둘 혹은 그 이상의 젠더에게 끌리는 것.[21] (예 개인적으로, 저는 다른 젠더들에게 끌릴 뿐만 아니라, 저와 같은 젠더에게도 끌려요. 그렇기에 '바이섹슈얼'은 나를 정체화하는 많은 설명어 중 하나예요.)

바이라는 지향성과 관련해 주목해야 할 중요한 점은, 바이들이 다른 젠더들에게 항상 동일하게 혹은 같은 방식으로 끌림을 경험하는 건 아니라는 거예요. 어떤 바이들은 선호하는 젠더에 가장 강하게 끌리고 다른 젠더에게는 다른 방식으로 끌린다는 것을 깨달을 수도 있어요. 이건 확실히 그래요. 바이라고 해서 여러분의 끌림 혹은 데이트 이력이 끌림을 느끼는 모든 젠더에게서 동일하게 전개될 필요는 없어요. 거의 모든 정체성 이름표와 마찬가지로, 누가 이 정체성을 주장할 수 있는지에 대한 엄격한 규정이나 필요조건은 존재하지 않는답니다. 바이가 되기 위해 필요한 건 바이라고 정체화하는 것뿐이에요.

팬~(Pan-) 팬섹슈얼/팬로맨틱(Pansexual/romantic)인 사람들은 어느 젠더에게나 끌림을 느낄 수 있거나, 모든 젠더(들)에게 끌림을 느낄 수 있다.

많은 팬은 끌림을 느끼는 데 있어서 젠더가 그다지 영향을 미치지 않는다고 느껴요. 이렇게 끌림을 느끼는 데에 젠더의 영향을 거의 받지 않는 것은, 흔히 팬 정체성과 관련되어왔죠.

　　반면, 젠더가 다른 사람들에게 끌림을 느끼는 데 분명히 역할을 한다고 확실히 느끼는 팬도 있어요. 일부 팬은 바이들이 그

20　'데미가이(demiguy)'에 대해 자세히 알고 싶다면 143쪽을 살펴보세요.

21　제 경험으로는 2번의 정의가 바이섹슈얼인 사람들이 스스로의 정체성을 설명하는 방식이에요. 논바이너리인 사람들을 명백히 포함시키기 위해 앞선 1번의 정의를 선호하는 사람들은 줄어드는 추세입니다.

러하듯이, 특정 젠더(들)를 선호해서 더 강한 끌림을 느끼기도 해요. 또 다른 사람들은 다른 젠더들에게 다른 식으로 끌림을 느낄 수도 있어요.

바이 vs. 팬 종종 사람들은 바이와 팬의 구분을 혼란스러워 합니다. 결국, 그 차이는 정말 그저 개인적인 선호의 문제예요. 누군가는 두 지향성을 중요하게 구별하기에, 둘 중 하나를 우선해 사용합니다. 다음과 같은 경우가 있을 수 있어요.

바이를 사용하는 이유
- '바이'라는 이름표를 둘러싼 부정적인 낙인과 싸우고 싶어서.
- 바이삭제를 종식시키는 데 일조하고 싶어서.
- 그냥 이 단어에 더 연결되어 있다고 느껴서.
- 이 정체성이 스스로를 설명하기 위해 처음 사용한 말이자 가장 익숙한 단어이기 때문에.
- 모든 젠더에 끌리지 않으므로 '팬'은 정확하지 않다고 느껴서.
- 대중이 '팬'보다 '바이'에 더 익숙해서, 많은 설명이 필요하지 않기 때문에.
- '바이'라는 단어에 자부심을 가질 만한 오래되고 풍부한 역사가 있기 때문에.
- 바이섹슈얼 공동체가 주로 물리적인 LGBTQIA+ 공간에 많이 등장하므로. (반면 팬섹슈얼리티는 상대적으로 여전히 새롭고, 그 결과 팬 공동체는 온라인에서 더 많이 발견

된다.)
* 그냥 그것이 옳다고 느껴서.

  팬을 사용하는 이유
* '바이섹슈얼'을 둘러싼 부정적인 낙인을 피하기 위해.
* 끌림에 있어서 젠더가 중요한 역할을 하지 않으므로. 즉, 사람들의 젠더를 인지하지만 그것이 그들에게 더 끌리거나 덜 끌리게 만들지 않기 때문에.
* 이 접두사가 엄격한 젠더이분법에 적극적으로 이의를 제기하므로.
* '바이'보다 덜 알려져 있어서. 사람들의 관심을 끌고 성적/로맨틱 다양성에 대해 이야기하게 되므로.
* 그냥 그것이 옳다고 느껴서.

바라건대 이 목록이 다른 사람들이 '바이' 혹은 '팬'을 선호하는 이유를 조금 더 이해하는 데에 도움이 되었으면 해요. 그렇지만 저는 누군가가 어떻게 그리고 왜 특정한 이름표들과 연결되는지에 대해 진정으로 이해하기 위한 최고의 방법은 그들의 개인적인 이야기를 듣는 것이라고 종종 생각합니다. 제 가장 친한 유튜버 친구 중 한 명인 알레이나 펜더는 스스로에게 어떤 단어들을 사용하는지에 관해 흥미로운 생각을 가지고 있어요. 그가 어떻게 느끼는지 함께 들어봐요.[22]

---

22 알레이나에 대해 더 알고 싶다면 여기로. http://bit.ly/2cJMAln

남성과 여성 그리고 다른 모든 젠더에게 끌림을 느끼는 여성인 내게 '딱 들어맞을' 수 있는 정체성들이 몇 가지 있다. 스스로 바이섹슈얼로 정체화하지만, 팬섹슈얼의 일반적인 정의가 내게 더 잘 맞는다고 느낀다. 그렇지만 내 안에서 나는 퀴어다.[23] 나는 이러한 이름표들과 변화무쌍한 관계를 거쳐왔다.

처음 커밍아웃을 했을 때부터 지금까지, 내가 가장 자주 사용한 이름표는 '바이'다. 이 이름표가 다른 사람들이 사용하기에 가장 간단하고 쉽다고 생각한다. 하지만 난 팬섹슈얼 정체성이 나와 내 개인적인 섹슈얼리티에 더 잘 맞는다고 믿는다. 팬섹슈얼 정체성이 (그 이름표를 통해) '남성'과 '여성' 외의 젠더를 적극적으로 인정하기 때문이다. 그럼에도, 언제나 가장 가깝게 연결되어 있다고 느껴온 정체성은 바로 '퀴어'다. 커밍아웃하기 전부터 이 단어를 마음속에서 떠올리면 내 집처럼 편하게 느껴졌다.

그러면 나는 어째서 팬섹슈얼, 퀴어와 더욱 연결되어 있으면서도 스스로를 바이섹슈얼이라고 정체화하는 걸까? 무엇보다 바이섹슈얼은 일반 대중이 쉽게 이해하는 단어다. 스스로를 바이섹슈얼이라고 이름 붙이면 최소한의 설명만 하면 된다. 하지만 팬섹슈얼이라고 커밍아웃을 한다면, 거듭 반복해서 사람들에게 알려줘야 한다. 그런 책임을 항상 지고 싶지는 않다.

그럼 이제 마지막 질문만 남는다. 어째서 나는 퀴어라고 정체화하지 않을까? 솔직히 이 답은 아직까지도 고민 중이긴 하다. 간단히 설명하자면 내가 충분히 퀴어하다고 느끼지 않기 때문이다. 나는 여성스러운 인상이고 남자와 긴 연애를 하고 있다. 연애 관계와 일상생활에서 스트레이트로 받아들여지는 특권이 있는 거다. 내가 퀴어로 정체화하게 된다면 사람들이 힘들게 싸워 얻

어낸 이름표를 전유해버리는 것일지 모른다는 두려움이 있다.

정리하면, 나는 바이섹슈얼로 정체화하며 팬섹슈얼의 관습적 정의가 내게 더 적절하다고 느끼지만, 내면적으로는 퀴어.

알레이나는 그에게 중요한 의미를 갖는 이 단어들을 분명히 구별하고 있네요. 한편, (저를 포함한) 어떤 다른 사람들은 이 접두사들 사이의 차이는 무시해도 될 만큼 작다고 생각해요. 이런 사람들은 아마 두 용어를 동시에 쓰거나 여러 용어를 번갈아 사용하며 정체화할 거예요. 어떤 경우라도 스스로를 '바이'나 '팬'으로 정체화하는 이유가 맞거나 틀린 경우는 없답니다.

옴니~(Omni-) 옴니섹슈얼/옴니로맨틱(Omnisexual/romantic)인 사람은 팬섹슈얼/팬로맨틱(Pansexual/romantic)인 사람처럼 어느 젠더에게나 끌림을 느낄 수 있거나, 모든 젠더(들)에게 끌림을 느낄 수 있다. 옴니인 어떤 사람은 이 정체성을 (그밖의 멀티섹슈얼 정체성에 반하여) 사용하는데, 그 이유는 끌림을 느끼는 데 있어 젠더가 자주 중요한 역할을 한다고 느끼며, 옴니라는 정체성이 젠더에 영향을 받은 끌림과 흔히 연관되기 때문이다. 모든 옴니가 이렇게 느끼는 것은 아니지만, 몇몇 사람은 스스로가 다른 젠더들에게 서로 다른 방식으로, 다른 정도로 혹은 다른 이유로 끌린다고 얘기한다.

---

23 '퀴어(queer)'라는 정체성에 대해 더 알고 싶다면 23쪽을 참조하세요.

크리스티는 옴니섹슈얼인 사람이고, 다른 젠더들에게 끌림이 어떻게 다르게 나타나는지를 다음과 같이 설명합니다.[24]

> 나는 어떠한 젠더에게라도 (혹은 젠더가 없는 사람일지라도) 끌림을 느낄 수 있기에 옴니섹슈얼이라는 용어가 내게 맞는다고 느낀다. 하지만 또 각기 다른 젠더에게 서로 다른 방식으로 끌림을 느낀다. 많은 부분이 내가 데미섹슈얼인 것과도 연관이 있다고 생각하는데, 그 때문에 내가 견고한 감정적 유대를 맺지 않은 사람에게는 끌림을 느끼지 않는다. 내가 끌림을 느낀 대부분의 사람은 꽤 친한 친구가 된 이후에야 그런 감정이 생겼다. 여자에게 끌릴 경우는 엄청나게 가까운 친구가 된 이후에야 끌림을 느낀다. 꽤 나중인 셈이다. 이처럼 기본적으로 내가 다른 젠더들에게 느끼는 다양한 끌림은 시기가 다르다.

폴리~(Poly-) 다수의 젠더에게 끌림을 느끼지만 반드시 모든 젠더에게 끌림을 느끼는 것은 아니다. (⑩ "마르코는 남성과 논바이너리, 에이젠더에게 끌려요. 여성에게 끌리지 않으며, 다른 젠더에게도 끌리는지는 확실하지 않죠. 아마 스스로를 폴리섹슈얼이라고 여길 거예요.")

바이큐리어스(Bicurious) 바이큐리어스인 사람은 하나 이상의 젠더에게 성적/로맨틱하게 끌리는 것에 호기심이 있거나, 이들과 성적/로맨틱한 경험을 하는 것에 호기심이 있다.

트라이~(Tri-) 트라이섹슈얼/트라이로맨틱(Trisexual/romantic)

인 사람은 세 가지 젠더에게 끌린다. (⑩ 남성과 여성, 뉴트로이스인 이에게 끌리는 것.)

트라이~(Try-)   트라이섹슈얼/트라이로맨틱(Trysexual/romantic)은 '어떠한 끌림이든 한번 시험 삼아' 해보고 싶어하는 사람으로 주로 설명된다. 무엇보다 이들은 시도하는 것에 개방적이다.

이 정체성에 대해 짚고 넘어가야 할 중요한 점은 다음과 같아요.

• 지향성이라기보다는 성적/로맨틱 개방성을 설명하는 정체성 용어에 가깝다.
• 주로 다른 맥락에서, 다른 방식으로 사용된다. 농담할 때 혹은 경멸하는 말로 종종 쓰인다. 하지만 누군가에게는 정체성을 표현하기 위해 진지하고 합리적으로 사용된다는 걸 기억할 것.

~플렉시블(-flexible)   한 젠더에 주로 끌리기는 하지만 예외를 허용하고 인정한다는 것을 나타내는 접미사. 이 단어 앞에 접두사를 붙이게 되면, 그 사람이 어떠한 전형적인 끌림을 느끼는지에 대해 더 많은 정보를 줄 수 있다. (⑩ "로맨틱적인 의미에서 저는 호모플렉시블이라고 정체화해요. 즉 주로 여자에게 끌린다는 의미죠. 하지만 예전에 남자에게 사

---

24   크리스티에 대해 더 알고 싶다면 여기로. http://bit.ly/2ce2vcI

랑을 느낀 적이 있어요.")

린지 도는 성과학(sexology) 선생이자 섹스를 긍정하는 멋진 유튜브 채널인 '섹스플레네이션즈(Sexplanations)'의 진행자예요. 린지의 지향성은 플렉시블이라네요.[25]

중학교 때부터 나는 내가 레즈비언이길 바랐다. 심지어 친구들과 레즈비언 관계에 있는 척을 하기도 했다. 당시 내가 레즈비언 같다고 생각한 목소리로 레즈비언들이 관심 있다고 생각한 주제의 이야기를 친구와 하면서 말이다. 돌아보면 정말 바보 같은 짓이었지만 이건 매우 강력했다. 당시 나는 남자애들에게 관심이 있었고 남자와 사귀면서도, 제니가 아닌 브라이언과 만난다는 게 멋쩍게 느껴졌다. 헤테로섹슈얼이라고 정체화하는 게 내게 맞지 않는다고 생각해서 그 대안으로, 12살짜리 레즈비언인 척을 했던 거다.

헤테로섹슈얼이라는 정체성은 여전히 내게 맞지 않는다. 난 이 개념의 견고함에 진저리치고, 섹슈얼리티에 한계를 부여한다는 점에 혐오의 감정을 느낀다. 그렇다고 해서 바이, 팬, 호모 등 다른 정체성으로 정체화하는 건 솔직하지 않은 일 같다. 나는 남자에게 성적끌림과 로맨틱끌림을 느끼는 시스 여성이다. 그게 바로 사춘기 이후의 나다.

그래서 헤테로플렉시블(heteroflexible)이라는 이름표를 알게 되고 그걸 선택한 뒤로 훨씬 편안해졌다. 내가 거쳐 온 지향성들을 받아들이면서, 새로운 경험에 적응하고 내가 원하는 대로 할 수 있는 여유를 갖게 되었다.

나에게 플렉시블이란, 나 스스로의 섹슈얼리티를 포함하여 섹
슈얼리티의 역동성을 진정으로 이해하는 것을 뜻한다. 나의 끌
림을 인정하면서도 이것이 언제든지 변화할 수 있다는 가능성을
열어두는 거다. 검은색 아니면 흰색을 선택하는 게 아니고, 이렇
다 저렇다 할 수 있는 것도 아니다. 나는 플렉시블이다.

노마~(Noma-) 남성이 아닌 이에게 느끼는 성적/로맨틱끌림.

노워마~(Nowoma-)   여성이 아닌 이에게 느끼는 성적/로맨틱끌
림.

스콜리오~(Skolio-)/세테로~(Cetero-)   스콜리오섹슈얼/스콜리
오로맨틱(Skoliosexual/romantic)과 세테로섹슈얼/세테로
로맨틱(Ceterosexual/romantic)인 사람은 논바이너리(엔
비) 젠더에게 끌린다.[26]

이 지향성에서는 다음과 같은 것이 중요해요.

- 어떤 이들은 이 지향성이 오직 논바이너리에게만 끌리는
  것이라고 해석하고 또 다른 이들은 논바이너리에게도 끌

---

25 린지에 대해 더 알고 싶다면 여기로! http://bit.ly/1hD
Kcg7

26 이 지향을 '젠더 하나에 끌림' 주제와 대조하여 이번 주
제에 넣은 이유는 논바이너리 정체성이 광범위한 젠더
를 포함하고 있으며 그만큼 스콜리오/세테로인 이들이
하나 이상의 젠더에게 종종 끌림을 느끼기 때문이에요.

릴 수 있는 지향성이라고 해석한다.

- 이 이름표들이 문제가 되는지에 관해 심각한 논의가 이루어지고 있다.

  - 어떤 이는 이 이름표들이 논바이너리인 개인들을 페티시화한다[27]고 본다.
  - 어떤 이는 오직 논바이너리인 사람만이 이런 방식으로 정체화할 수 있어야 한다고 본다.
  - 접두사인 '스콜리오'를 싫어하는 사람도 있는데, 굽었거나 휘어졌다는 뜻이기 때문이다. 이들은 이 단어가 스콜리오인 사람 혹은 논바이너리인 사람이 어떤 점에서 부자연스럽거나 잘못됐거나 또는 '뒤틀려 있다'고 암시한다고 느낀다. 이 때문에 '다른(other)'을 뜻하는 접두어 '세테로'가 생겨났다.
  - 스콜리오/세테로는 종종 안드로지니인 사람에게 끌리는 것으로 오해되거나 잘못 해석되는데, 그렇지 않다. 이건 논바이너리인 사람에 대한 고정관념을 영속화할 때 문제가 된다. 결국 젠더정체성은 젠더표현과 매우 다르기에, 외모만 봐서는 누가 논바이너리인지 구분할 수 없다.

스콜리오/세테로는 정말 복잡한 정체성이랍니다. 저 말고 다른 논바이너리인 분이 이 정체성에 대해 어떤 말을 하는지 들어보기로 해요. 매우 똑똑한 바이젠더 유튜버인 세이지를 소개할게요.[28]

나는 이 지향성에 대해 뒤섞인 감정을 느낀다. 한편으로는 다른

사람들이 본인의 섹슈얼리티를 어떻게 정체화하는지에 대해서 검열하고 싶지 않다. 만약 누군가가 논바이너리인 사람에게 끌린다면, 그게 논바이너리에게만 독점적으로 끌리는 것이든 다른 종류의 끌림에 더해 논바이너리에게도 끌리는 것이든 간에, 모든 끌림은 더할 나위 없이 정당한 거다. 나는 팬섹슈얼로 정체화한 논바이너리다. 각기 다른 모든 젠더에게 끌리기에, 논바이너리인 사람에게도 끌리는 것을 구체적으로 언급할 필요를 한 번도 느낀 적이 없다. 그렇기 때문에 내가 스콜리오/세테로라고 정체화하는 사람의 경험을 별로 이해하지 못한다는 걸 인정한다.

하지만 이 정체성이 논바이너리인 이들을 페티시화하거나 일반화하게 될까 정말 걱정스럽다. 외모만으로는 누가 논바이너리인지 알 수 없다. 그렇다면 논바이너리인 사람에게 끌린다는 건 무슨 의미일까? 우리는 여러 다른 방법으로 젠더를 표현하는 매우 다양한 사람이다. 전형적인 논바이너리에게 끌림을 느끼는 이러한 지향성이 앞서 언급된 적이 있는가? 언급된 적이 없다면 이지향성은 어디에서 출발했을까?

솔직히 누군가가 논바이너리라는 이유로 내게 끌렸다고 얘기한다면 불편할 것이다. 성적으로 좀 페티시화되었다고 느낄 것이고, 있는 그대로의 내가 아니라 젠더정체성 때문에 내게 반한 거

---

27 페티시화하다(Fetishize): 무언가에 극도로 성적인, 집착하는 또는 열성적인 선호나 애착을 갖는 것을 말해요. 사람을 페티시화하는 것은 종종 문제적이라고 여겨지는데요, 이는 페티시가 사람들을 하나의 성질로만 환원해버리고 이들을 비인간화하기 때문입니다.

28 세이지에 대해 더 알고 싶다면 여기로. http://bit.ly/2bXJ649

라고 느낄 것 같다. 그렇지만 만약 그 사람을 만나 대화를 나눌 수 있고 어떤 의도였는지를 알 수 있다면, 불편한 감정을 덜어내는 데에 잠재적으로 도움이 될 거다.

세상에는 여자에게만 끌리는 사람이 있고 남자에게만 끌리는 사람도 있다. 이분법적 젠더에게 느끼는 끌림을 표현하는 이가 있다면, 비이분법적 젠더에게 느끼는 끌림을 표현하는 이가 있는 것도 괜찮을 거라고 생각한다. 이 끌림을 표현하는 방법에는 이를 대상화하는 방식도 있고 그렇지 않은 방식도 있을 것이다.

세이지의 이야기를 읽은 후 이 책의 에디터 한 분이, 세이지가 다른 사람들의 정체성을 검열하고 싶지 않다고 한 것에 대해 흥미로운 이야기를 했어요. "검열하는 건 커뮤니티에 근본적으로 해로운 게 아니에요. 가끔은 페티시즘에 맞서 대항할 때도 있어야 해요."

또 다른 에디터가 맞장구치며 한 지적도 흥미로워요. "[읽는데] 계속 수면 위로 떠오른 질문은 하나는, [단지] 겉모습만 보고서는 누군가가 스스로를 어떻게 정체화하는지 알 수 없는데 그렇다면 우리가 여성에게 혹은 남성에게 끌린다고 말한다는 건 무슨 의미일까요? 다른 정체성(헤테로섹슈얼리티, 호모섹슈얼리티 등)과 함께 이 정체성(스콜리오/세테로섹슈얼리티)의 골치 아픈 부분들이 드러나고 있지 않나요? 이건 정말 복잡하네요!"

정말 정말 복잡하네요! 스콜리오/세테로에 대한 분석이 정말 정말 길어지는군요. 이러한 분석은 정체성을 나타내는 단어가 얼마나 복잡하고 강력한지 보여주죠. 결국, 우리가 할 수 있는 건 어떤 말들을 지지하고 사용할지 최선을 다해 선택해야 한다는 것뿐이에요. 조사하고 배우며, 듣고, 열린 마음을 지녀야 하죠. 그다음에는 그저, 배짱 있게 옳다고 생각하는 일을 하면 돼요.

다음 주제로 넘어가기 전에, 스콜리오/세테로 정체성을 주장하는 한 사람의 이야기를 들어보기로 해요. 더글러스는 영어 교사이고 이 이름표로 정체화하고 있는 게이 남자예요. 더글러스가 왜 '스콜리오'를 사용해 스스로를 표현하는지 들어보아요.[29]

나는 대학 시절에 만난 한 친구에게서 규정하기 힘든 감정을 느낀 적이 있다. 게이 남성인 나는 남자에게만 관심을 가져야 할 터인데, 그는 남자로 정체화하지 않은 친구였다. 이러한 감정을 느끼는 내 자신이 부끄러웠는데, 내가 그의 남성적인 에너지에 관심이 있고 그의 실제 정체성을 무시한다고 생각했기 때문이다. 이때뿐만이 아니었다. 나는 자주 내가 트랜스나 논바이너리 젠더정체성인 사람에게 끌린다는 걸 깨달았다. 가끔은 그들의 정체성이 무엇인지 알기 전에도 그랬다.

그러다가 2014년 말, 애슐리가 첫 'ABCs of LGBT' 영상을 포스팅했고 그 영상에서 '스콜리오섹슈얼'이라는 용어를 정의하는 걸 봤다. 당시에는 그 말을 무시했다. 분명 나는 게이였으니까, 의심의 여지도 없었다. 하지만 당시 멋진 논바이너리 친구를 새로 사귀었는데, 예전에 느꼈던 감정들이 다시 일어났다. 그제야 비로소 로맨틱끌림으로 구체적으로 정체화할 수 있게 된 감정들이었다. 나는 그들에게 성적으로 끌리지 않았기에 섹스를 하고 싶은 건 아니었다. 하지만 분명히 그들과 애무하고 싶었고 또 다른 로맨틱한 행동들도 하고 싶었다. 그렇지만 불행하게도 내가

---

29   더글러스에 대해 더 알고 싶다면 여기로. http://bit.ly/2coROYA

발견했던 '스콜리오섹슈얼'의 정의는 배타적이었다. 바로 '오직 논바이너리에게만 끌림을 느낌'이었는데, 난 스스로가 남성에게 성적으로 끌린다는 걸 알고 있었다. 하지만 살면서 몇몇 트랜스에게 느꼈던 매우 생생한 감정을 부인할 수는 없었다. 내가 단 하나의 이름표만을 가져야 하는 게 아니라서 다행이다. 나는, 호모섹슈얼이자 동시에 스콜리오로맨틱인 사람으로 정체화한다.

혹시 논바이너리에게 끌림을 경험하면서도 스콜리오/세테로 용어의 잠재적인 문제들로 인해 이러한 이름표를 사용하기 어렵다면, 다음과 같은 용어를 쓰는 걸 고려해볼 수 있어요.

다이아모릭(Diamoric) 이 용어는 두 가지 주요한 쓰임새가 있다. 하나는 정체성을 설명하기 위한 것, 또 하나는 관계를 설명하기 위한 것이다.

개인 정체성 면에서 볼 때, 논바이너리인 사람이 이 용어를 사용하는 경우는 스스로의 논바이너리 정체성을 강조하고 다른 논바이너리들에게 갖는 끌림 및 그들과의 관계(들)를 강조하기 위해서예요. 중요하게 알아둬야 하는 점은, 오직 논바이너리인 사람만이 이런 방식으로 이 용어를 사용할 수 있다는 겁니다.

'다이아모릭'과 '스콜리오/세테로'의 가장 큰 차이점은, 스콜리오/세테로는 성적지향성이고 다이아모릭은 지향성이 아니라는 점이에요. 이 단어는 지향성과 함께 사용될 수 있는 정체성 용어랍니다. 예를 들어 바이섹슈얼인 젠더플루이드 사람이 다이아모릭한 바이섹슈얼이라고 정체화할 수 있는데, 이는 본인의 논바이너리 정체성을 강조하고 다른 논바이너리인 사람에게 느끼는 끌림 및 그들과의 관계를 강조하기 위해서랍니다. 데미걸 레즈비언인 사람은 자신을 다이아모릭한 레즈비언이라고 정체화할 수 있는데, 이는 스스로의 논바이너리 정체성을 강조하고 다른 논바이너리인 사람에게 느끼는 끌림 및 그들과의 관계를 강조하기 위해서예요.

관계의 측면에서, 다이아모릭한 관계는 <u>적어도 한 명의 논바이너리인 사람</u>과 관계되어 있는 것을 말합니다. 이런 의미로 사용하는 '다이아모릭'이라는 단어는 논바이너리인 사람에게만 한정되지 않아요.

구성원 중 한 사람이 바이너리인 상황이라 할지라도 다이아모릭한 관계라고 부를 수 있어요. 예를 들어 더글러스가 만약 나중에 논바이너리인 사람과 연애하게 된다면, 원한다면 자신이 다이아모릭한 관계를 맺고 있다고 말할 수 있겠지요.

어떻게 다이아모릭이라는 용어가 생겨났는지 관심 있는 분들을 위해서 덧붙이자면, 이 용어는 '게이'나 '스트레이트'처럼 현재 사용되는 설명어가 논바이너리인 사람들 간의 관계나 이들을 포함한 관계를 정확하게 설명하지 못하는 것 같다고 해서 만들어졌어요. 논바이너리 정체성이 매우 다양하기 때문에, <u>정확히 똑같은 젠더를 가진 논바이너리 두 명을 찾는 건 거의 불가능해요.</u> 이 때문에 '게이'라는 말이 (특히 다른 논바이너리인 사람에게 관심이 있거나 끌림을 느끼는 논바이너리를 실멍하는 데는) 항상 잘 들어맞지는 않는답니다.

그리고 많은 논바이너리가 서로 다른 젠더라고 해서 그들이 '반대'인 것은 아니에요. 어떤 사람들은 서로 매우 비슷할 수 있어요. 그렇기에 '스트레이트'라는 말 역시, 언제나 적합하다고 할 수 없죠.

'다이아모릭(Diamoric)'은, '빠져나가다'와 '떨어져 나가다' '빈틈없이/완전히'라는 의미를 지니는 그리스어 접두사 '다이아(dia)'와 라틴어로 사랑을 뜻하는 '아모르(amor)', 이 두 단어에서 유래했어요. 그렇기에 '다이아모릭'은 빠져나가거나 누군가로부터 떨어져 나가거나 혹은 젠더 스펙트럼을 총망라하는 모든 사랑/끌림/관계를 아우릅니다.

이로써 이번 주제가 끝이 났네요. 이어서, 유동적인 끌림에 대해 배워봅시다.

유동적인 끌림

많은 사람의 성적끌림과 로맨틱끌림은 계속해서 변합니다. 한 사람의 지향성이 변화하는 일은 평생에 걸쳐 서서히 일어날 수도 있고, 단 며칠 안에 급격히 나타날 수도 있어요. 이러한 변화는 거의 일어나지 않을 수도 있고 항상 일어날 수도 있으며, 혹은 그 사이 어느 지점일 수도 있죠. 우리의 지향성이 유동할 수 있다는 가능성은 놀랍고, 다행히도 이 개념을 나타낼 수 있는 이름표가 몇 가지 있답니다!

플루이드(유동하는, Fluid) 누군가의 끌림이나 지향성이 플루이드라면, 그건 <u>변화를 경험한다</u>는 의미다. 얼마나 유동하는지는 각 개인과 그 사람의 상황에 달려 있다.

본인이 플루이드라면 다음과 같은 느낌을 받을 수 있을 거예요.

- 바다.[30] 강렬하게 물결치는 파도가 밀려오듯이, 당신의 끌림이 다가올 거예요. 오르락내리락하는 끌림의 파도를 깊이, 항상 느낄 것이랍니다.
- 강. 당신의 끌림은 장애물을 만나 급격히 방향을 바꾸기 전까지는, 곧장 앞으로 부드럽고 예상 가능하게 백 마일을 흘러갈 거예요.[31]

---

30 말장난이에요! ('플루이드'의 유체적인 면을 포착해 바다, 강, 호수, 폭포로 설명했다.—옮긴이)

31 아시잖아요, "나무 사이를 흐르다 바위를 만난 물줄기처럼!" 이런, 저도 모르게 불러버렸네요. (뮤지컬 「위키드 Wicked」의 삽입곡 'For good' 가사 일부.—옮긴이)

- 호수로 흘러들어가는 냇물. 누군가의 끌림은 갑자기 모이거나 속도가 느려지거나 완전히 멈출 때까지, 한동안 강력하게 지속되며 흐를 것이랍니다.
- 폭포. 유동하는 끌림이 항상 부드럽거나 방향을 바꾸며 변해야하는 것은 아니에요. 끌림의 어떤 단계 혹은 어떤 종류의 끌림에서는 다른 쪽으로 갑작스럽게 솟구치거나 떨어질 수도 있어요. 마치 폭포처럼 말예요.

아브로~(Abro-) 아브로섹슈얼/아브로로맨틱(Abrosexual/romantic)인 사람의 지향성은 유동적이거나(fluid) 변화한다. 이는 끌림의 강도뿐만이 아니라 끌림을 느끼는 대상(들)(예를 들어, 남성, 여성, 논바이너리 혹은 여러 젠더. 또는 누구에게도 끌림을 느끼지 않는 것) 역시 바뀔 수 있다는 것을 의미한다.

아브로섹슈얼리티/아브로로맨티시즘(Abrosexuality/romanticism)은 유동성의 한 형태로 간주될 수 있어요. 이 말을 쓰는 많은 사람이 그렇게 여기는 이유는, '유동성'이 누군가의 일반적인 성적지향성과 끌림을 느끼는 특정한 대상 둘 다에 해당할 수 있기 때문이에요.

그렇지만 '아브로'는 지향성보다 좀 더 구체적이에요. 다르게 말하자면, 변하는 건 단지 누군가의 끌림이나 선호만이 아니랍니다.(例 "남자와 여자 둘 다 좋아하지만 어느 쪽이 더 좋은지는 날마다 바뀌어요.") 그보다는 그들의 전체적인 지향성이 변화하는 것이라 할 수 있죠. 예를 들어 아브로섹슈얼인 사람은 어떤 날은 스트레이트인 것 같다가, 또 어떤 날은 팬섹슈얼이나 에이섹슈얼인 것처럼 느낄 수 있어요.

이 지향성으로 정체화한 로렌의 경험을 들어볼게요.[32]

10살쯤부터 나는 내 섹슈얼리티에 무슨 일이 '벌어지고 있다'는 걸 알았다. 그게 너무 자주 바뀌는 것 같아 무슨 일이 일어나고 있는 건지 영영 알지 못할까 봐 솔직히 무서웠다.

퀘스처닝 시기에 나는 텀블러의 세계로 빠져들었고, 그러다 우연히 '아브로섹슈얼리티'에 관해 좀처럼 찾아볼 수 없던 '상세하고 유용한 글'을 발견하게 되었다. 끊임없이 변화하는 섹슈얼리티라는 개념에 참으로 공감했다. '게이인 날들'과 '스트레이트인 날들' '팬인 날들'과 '에이스인 날들' 그리고 내가 겪은 다른 감정들 모두, 내가 이상해서 그런 게 아니라는 걸 곧 깨달았다.(비록 지난 7년 동안 스스로에게 그렇게 말해오긴 했지만.) 사실 나는 완전히 유효한 정체성을 가지고 있었던 거다. 다른 사람들도 경험한 적이 있는 정체성을!

요즘엔 나의 정체성에 행복을 느끼고, 내 섹슈얼리티의 모든 부분을 받아들인다. 주로 LGBTQIA+ 공동체에서, 부정적인 반응을 만날 때도 있었다. 예를 들어 한번은 시스게이 남자분이 내게 이렇게 말했다. "아브로는 팬섹슈얼을 말하는 힙스터 용어일 뿐이에요."[33] 하지만 신경 쓰지 않았다. 나는 나의 이름표를 찾았고, 이걸 쓰면서 매우 만족스럽기 때문이다.

---

32   로렌에 대해 더 알고 싶다면 여기로. http://bit.ly/2bWpPel

~플럭스(-flux) 지향성에 있어서 '플럭스'란 누군가가 경험하는 끌림이 양적으로나 그 강도에 있어서 변동을 거듭한다는 뜻을 지니는 접미사다. 보통 접두사는 '플럭스' 앞에 쓰여, 그 끌림이 어떤 젠더들 사이에서 변동하는지에 대해 자세한 정보를 알려준다. (예 트라이플럭스triflux인 사람은 특정한 세 젠더에게 항상 끌림을 느끼지만, 어떤 젠더를 선호하는지는 변동할 수 있다.)

~스파이크(-spike) 이 역시 한 사람의 끌림이 변동을 거듭한다는 것을 나타내는 접두사로, 플럭스와 비슷하다. 하지만 스파이크로 정체화하는 사람은 종종 아무런 끌림도 경험하지 못한다고 느낀다.(그렇다면 그들은 에이로맨틱/에이로 혹은 에이섹슈얼/에이스다.) 그러다 갑자기 일정 기간 동안 강렬하게 끌림(들)을 경험하기도 한다. 예를 들어 에이로스파이크(arospike)는 아무런 로맨틱끌림도 경험하지 않다가 조금 혹은 많은 끌림을 겪는 사람을, 에이스스파이크(acespike)는 아무런 성적끌림도 느끼지 않다가 조금 혹은 많은 끌림을 겪는 사람을 나타낸다.

노보~(Novo-) 이 지향성은 원래 젠더플루이드와 멀티젠더인 사람들을 위해 만들어졌다. 노보섹슈얼/로맨틱(Novosexual/romantic)인 사람의 끌림은 본인이 경험하는 젠더(들)에 따라 변화한다. (예 젠더플루이드, 노보섹슈얼인 사람은 본인이 여자일 때에는 레즈비언으로 정체화하겠지만, 본인이 논바이너리일 때에는 팬섹슈얼이라 지칭할 것이다. 이렇게 하는 부분적인 이유는 많은 성적지향성이 그 자체로 젠더정체성을 가정하기 때문이다. 예를 들어, 레즈비언이 자동적으로 여자로 상정되는 식.)

이렇게 이번 주제도 끝이 났네요. 젠더 다수에 끌림에 관해 지금까지 많은 것을 배웠어요. 다음 주제로 넘어가기 전에, 이러한 정체성들을 배우는 게 중요한 이유에 대해 빠르게 언급하고 싶은데요. 젠더 다수에 끌리는 지향성을 이해하는 게 중요한 건, 이 지향성들이 자주 잘못 재현되고, 지워지고, 의심받기 때문이에요. 이는 이러한 지향성들을 둘러싼 낙인, 혐오, 의심으로 종종 이어지곤 하지요.

바이삭제(Bi erasure)는 이를 뚜렷이 보여주는 예입니다. 바이삭제는 바이인 사람이 불충분하게 재현되거나, 바이인 사람의 존재가 완전히 무효화되는 걸 말합니다. 정말로 바이인 사람이 겪는

---

33 몇 년 전 제 지향성에 대해 누군가에게 설명했다가 이런 말을 들은 적이 있어요. "팬섹슈얼은 가식적인 포장지에 싸인 바이섹슈얼리티일 뿐이에요." 로렌의 이 경험을 읽으며 제 경험이 떠올랐어요. 정체성 용어에 관해 대중/외부의 의견이 시간이 지남에 따라 어떻게 변하는지 살펴보는 건 흥미로워요. 로렌의 이야기 속에서 '팬섹슈얼리티'는 좀 더 표준이며 흔한 것으로 묘사됐지만 몇 년 전까지만 해도 이 용어는 아주 새롭고, 오해받으며, 거의 쓰이지 않던 말이었거든요. 여기서 알 수 있는 것은 정체성 용어와 지향성에 관한 대중/외부의 의견은 항상 변화하리라는 점이라고 개인적으로 생각해요. 하지만 이름표가 잘 맞는지를 결정할 때 가장 중요한 건 그 당사자이겠지요.

진짜 바이삭제의 참된 예시는 다음과 같아요.

- "정말 바이예요? 진짜? 그럼, 언제 남자랑 마지막으로 만났어요?"
- "전 바이인 남자랑 잘 수는 있지만, 절대 데이트는 하지 않을 거예요. 그러니까 제 말은, 그 사람들이 진짜 바이가 아니라 그저 매력적인 사기꾼이라는 거예요."
- "그냥 남자를 고르는 게 어때요? 그게 더 쉽고 해본 적도 있잖아요. 어쨌든 결국 남자랑 살게 될 텐데."
- "제 생각엔 바이란 건 모든 레즈비언이 겪는 중간 단계 같은 거예요. 기다려보세요. 곧 알게 될 걸요."
- "모든 여자아이가 다른 여자아이에게 살짝 반하는 경험을 하죠. 평범한 일이니 당신은 바이가 아니에요."
- "그런데 그동안 여자 친구를 사귄 적이 없어요? 여자애들한테 반한 적도 없고요?" "있어요! 남자애들에게 반한 적도 있어요. 단지 그걸 부정했을 뿐이죠." "아니죠, 아니죠. 그건 당신답지 않아요!"
- "요즘은 어느 쪽이에요?"
- "여자에게 로맨틱하게 끌리지 않는다면 스스로를 바이라고 부르면 안 돼요."
- "이쪽은 제 친구 벤이에요. 게이죠." "사실, 전 바이섹슈얼이에요." "에이, 무슨 말인지 알잖아요."
- "제가 봤을 때 당신은 요상한 쓰리섬을 할 수도 있는 스트레이트예요."

이런 말들과 끊임없이 싸우면서 세상 사람들에게 당신의 섹슈얼리티가 타당하다고 계속 설득하는 건, 진 빠지는 일이에요. 하지만 이러한 삭제를 겪는 건 바이들뿐만이 아니죠. 모든 멀티섹슈얼/멀티로맨틱 정체성들도 마찬가지입니다.

　삭제 외에도, 멀티섹슈얼/멀티로맨틱지향성은 이를 둘러싼 엄청난 낙인에 직면합니다. 우리 문화는 하나 이상의 젠더에게 끌리는 사람을 수많은 부정적인 성격과 결부시키는 경향이 있어요. 탐욕스럽고, 혼란스러워하며, 바람을 피우고, 성관계에 목을 매며, 관심종자에다, 유행에 민감하다는 식으로요. 이러한 낙인으로 인해 많은 멀티섹슈얼/로맨틱인 이가 본인의 정체성을 숨기며 부끄럽게 여기게 되었어요. 참으로 불행한 일이죠. 모든 사람은 스스로가 누구인지에 대해 편하게 느끼고 자긍심을 가질 수 있어야 해요.

꼭 기억해야 할 중요한 점은, 이런 모든 정체성이 정당하며 정형화될 수 없다는 거예요. 우리가 이러한 지향성에 대해 더 많이 배우고 받아들일수록, 앞서 언급한 생각이나 반응들 같은 해로운 의견을 마주할 일은 줄어들 거예요.

무성애적 정체성과 에이로맨틱 정체성

이제 무성애(asexuality)와 에이로맨티시즘(aromanticism) 부분에 도착했어요! 이번 주제는 성적끌림 혹은 로맨틱끌림을 거의 느끼지 않거나 전혀 느끼지 않는 사람에 관한 거예요. 앞서 제가 이 책에서 가장 좋아하는 주제가 '스펙트럼'이라고 적었는데, 전 변덕스러워요. 에이스와 에이로맨틱 공동체에 속한 친한 친구가 많이 있어선지, 이 주제들 역시 제겐 매우 특별하답니다. 저는 이들의 어마어마한 다양성과 깊이 있는 이해가 대단히 흥미롭고 아름답다고 생각해요.

에이섹슈얼(Asexual) 성적끌림을 경험하지 않는 정도가 다양한 사람을 위한 독자적인 정체성 용어 혹은 포괄적 용어.

에이스(Ace) 이 용어는 두 가지 경우로 사용될 수 있다.
- 무성애적 스펙트럼에 해당하는 모든 정체성에 쓰이는 포괄적 용어.
- 무성애자(asexual)의 약칭.

아멜리아는 제가 가장 좋아하는 LGBTQIA+ 유튜버예요. 에이섹슈얼로 산다는 건 어떤 것인지, 아멜리아의 얘기를 들어봐요.[34]

> 누군가가 무성애자라고 깨닫는 건, 어른이란 어떤 건지에 대해 들었던 모든 이야기가 거짓이라는 걸 알게 되는 것과 조금 비슷

---

34 아멜리아에 대해 더 알고 싶다면 여기로. http://bit.ly/1R3f35K

하다. 아니면 내 경우처럼, 성인이 된 후의 삶이 드라마「프렌즈」
처럼 전개되지 않으리라는 걸 알게 된다는 뜻이다. 스스로의 무
성애를 탐색하게 되기 전까지는, 모든 사람이 결국에는 시트콤
에 나오는 캐릭터들 같은 성생활을 하게 되리라고 항상 생각했
다. 데이트에 이어 정체불명의 남자 혹은 여자의 품에 안기는 훌
륭한 로맨스나 섹스는 기대될 뿐만 아니라 갈망되는 것이었다.
무성애는 이러한 비전을 복잡하게 만들었다.

당신이 무성애자라면, 성교육 시간에 배운 욕망이나 욕구는 결
코 나타나지 않는다. 당신은 성적끌림을 느끼지 않기 때문에, 섹
스 중심의 문화로부터 애당초 차단되어버린다. 무성애자는 섹스
와의 관계가 복잡하고, 아마도 당신의 친구들과 비슷한 성생활
을 하지는 않을 것이다. 이건 받아들이기 어려울 수 있다. 적어도
나는 그랬다.

그럼에도 불구하고, 무성애자로 산다는 건 엄청나게 긍정적인
경험이다. 이 커뮤니티는 창의적인 사람들로 가득하며, 나는 무
성애에 대해 배우면서 인간의 섹슈얼리티에 관해 더욱 넓게 알
게 되었다. 나의 성적지향성을 설명하는 단어를 갖고 있다는 사
실이 나를 더욱 자신감 있고 편안하게 해주었고, 젠더표현과 로
맨틱지향성과 같은 내 다른 정체성들도 더욱 탐색하고 싶어졌
다. 이상하게 들릴지 모르겠지만, 나는 내가 무성애자라는 게 좋
다. 그 무엇도 바꾸고 싶지 않다.

에이로맨틱(Aromantic) 로맨틱한 끌림을 경험하지 못하는 정
도가 다양한 사람을 위한 독자적인 정체성 용어, 혹은 포괄
적 용어.

에이로(Aro) 이 용어는 다음과 같이 두 경우로 쓰일 수 있다.
  — 에이로맨틱 스펙트럼에 해당하는 모든 정체성을 일컫
    는 포괄적 용어.
  — 에이로맨틱의 약칭.

우선 다시 한 번 기억해두세요. 성적지향성과 로맨틱지향성이 별
개일 수 있다는 것을요. 이것을 누차 얘기하는 이유는, 유로맨틱
인 무성애자가 있을 수 있고 혹은 그 반대로 무로맨틱인 유성애
자가 있을 수 있다는 점을 확실히 하기 위해서예요. 이러한 지향
성은 어떤 지향성과는 연관이 있을 수도 있지만, 다른 지향성과는
완전히 독립된 것일 수도 있답니다.

　　덧붙여 명확히 하고 싶은 것은 '섹스 혹은 로맨스가 없는
상태'가 '사랑이 없는 상태'와 동일하지 않다는 거예요. 이것을 설
명하기 위해, 조나가 본인의 에이로맨티시즘에 대해 얘기해줄 거
예요.[35]

　　'에이로맨틱'을 화제에 올렸던 내 경험에 따르면 대부분의 사람
　　이 맨 처음 떠올리는 이미지는, 사랑을 표현할 줄 모르거나 어떠
　　한 종류의 관계도 형성하지 못하는 무정한 사람이다. 에이로맨
　　틱인 사람에 관한 이 모든 부정적인 고정관념과 잘못된 정보는
　　실제 에이로맨티시즘이 어떤 특징이 있는지 정확하게 아는 걸
　　무척이나 어렵게 만든다. 나에게 에이로맨틱이라는 건, 로맨틱
　　한 끌림을 경험하지 않는 것이다.

---

[35]　조나에 대해 더 알고 싶다면 여기로. http://bit.ly/2ce
　　　1gdv

그렇지만 에이로맨틱이라고 해서 미적끌림과 플라토닉끌림과 같은 다른 종류의 끌림도 경험하지 않는 건 아니다.[36] 또 로맨틱한 사랑을 경험하지는 않지만 나는 여전히 가족애와 플라토닉 사랑과 같은 다른 형태의 사랑을 가득 느낀다.

수년간 나는 내가 동반자 관계를 원한다는 것을 알았기 때문에 에이로맨틱이 될 수는 없다고 믿었고, 로맨틱한 관계만이 동반자 관계를 만드는 유일한 방법이라 생각했다. 플라토닉끌림과 미적끌림 때문에 로맨틱끌림을 이해하기가 모호했고, 모든 것을 똑바로 알기란 어려웠다. 어떤 블로그의 글을 발견하지 전까지는. "어쩌면 당신은 에이로맨틱일지도 모른다"라는 제목의 글을 읽고 마침내 모든 것이 머릿속에서 들어맞기 시작했다. 드디어 예전까지 알던 에이로맨티시즘에 대한 모든 부정적인 고정관념과 그릇된 정보가 사라졌고, 그걸 완전히 새로운 차원에서 이해할 수 있었다. 에이로맨티시즘에 대한 정확한 정보를 접하고 난 후 스스로를 에이로맨틱인 사람으로 인식하고 받아들일 수 있었고, 이는 엄청난 해방감을 주었다.

이제 에이섹슈얼과 에이로맨틱이 무슨 뜻인지 더 잘 알게 되었을 거예요. 성적끌림과 로맨틱끌림을 <u>경험하는</u> 이들을 위한 이름표가 있는지도 궁금할지 모르겠어요. 물론 있답니다!

제드~(Zed-)/알로~(Allo-) 성적끌림이나 로맨틱끌림을 <u>경험하는 사람.</u> 이른바, 에이스/에이로가 아닌 모든 사람.

이 이름표에서는 다음과 같은 것이 중요해요.

- '알로'는 아마도 에이스/에이로가 아닌 사람을 지칭하는 말 중 가장 유명하고 흔한 용어이지만, 어떤 사람들은 다음과 같은 이유로 이 용어에 문제가 있다고 느낀다.

  - 의미상으로, 이 용어는 '에이스'나 '에이로'보다 '오토섹슈얼'[37]의 반대말에 더 가깝다.

  - 이 용어가 임상 성과학에서 왔다고 주장하는 사람들도 있다. 임상 성과학은 에이스/에이로 개인들을 억압해온 역사가 있어, 많은 이가 임상 성과학과 그토록 강한 연관이 있는 단어를 사용하는 데 이의를 제기하고 있다.

  - '제드'는 '알로'의 다른 선택지로서 만들어졌고, 에이스/에이로 정체성들이 A에서 Z까지의 스펙트럼 위에 존재한다는 것을 강조한다.

  - 일반적으로, 이 말들은 사람들이 적극적으로 정체화하기 위한 이름표라기보다 설명하는 용어로 사용된다. 사람들이 스스로에게 흔히 사용하는 이름표들은 아닐지라도 여전히 쓸모가 많다. 특히 에이스/에이로가 아닌 이들을 지칭하는 용어가 있기에, 제드와 알로를 '표준'으로 설정하지 않고서도 그들에 대해 이야기할 수 있게 해준다. 다시 말해, '한편에는 에이스/에이로인 사람들이, 다른 한편에는 표준

---

36   미적끌림과 플라토닉끌림에 대해 자세히 알고 싶다면 186쪽을 살펴보세요!

37   오토섹슈얼리티(autosexuality)에 대해 자세히 알고 싶다면 236쪽으로.

적인 사람들이 있다'라는 생각의 늪에 빠지지 않도
록 해준다.

앞에 언급했듯이 무성애와 무로맨티시즘은 스펙트럼 위에 존재
해요. 스펙트럼의 양 끝에 있는 것들(에이스/에이로 그리고 제드/
알로)에 대해 배웠으니, 이제 그 사이의 모호한 공간에 있는 정체
성을 탐험해봅시다.

그레이~(Gray-)[38] 그레이섹슈얼(회색성애자, Graysexual)/그레
이로맨틱(회색로맨틱, Grayromantic)인 이들은 다음에 해
당할 수 있다. 단, 이에 한정되지는 않는다.

— 매우 낮은 정도로 끌림을 경험하는 사람.
— 아주 가끔 또는 특정 상황에서만 끌림을 경험하는 사람.
— 본인이 끌림을 경험하는지 확실하지 않은 사람.

엘리가 그레이섹슈얼로 정체화한 경험을 들어볼게요.[39]

내 이름은 엘리, 스스로를 회색무성애자(gray asexual)라고 정
체화한다. 내게 있어서 이 용어는 성적끌림을 거의 경험하지 않
는다는 걸 뜻한다. 어렸을 때 성적끌림에 대해 처음으로 배웠던
것이 기억난다. 섹스에 대해 배우는 대부분의 어린 아이가 그렇
듯 나 역시 충격을 받았고 약간 혼란스러웠다. 분명히 기억하건
대 절대로 그걸 경험하고 싶지 않다고 생각했다. 솔직히 정말 꺼
림칙하게 들렸기 때문이다. 그래도 나이가 들면 이런 생각이 바
뀔 거라고 여겼다. 사람들이 항상 그렇게 말했으니까.

내가 무성애적 스펙트럼 위에 있지 않은가를 처음으로 의심했던 때는 엄마와 대화를 하던 도중이었던 것 같다. 나는 의사에게 매년 받는 신체검사를 막 마친 상태였고, 엄마는 내가 성욕이 왕성한지 물어왔다. 나는 떠오른 대로, 난 성관계를 맺는 거에 아예 관심이 없기 때문에 아마 그 질문에 영원히 "그렇다"라고 대답하지 않을 거라고 엄마에게 말했다. 그러자 엄마는 "너는 아직 어려, 나중에는 바뀔 거야"라고 했고, 나는 즉시 이렇게 얘기했다. "하지만 바뀌지 않으면요? 아무래도 저 무성애자인 것 같아요!" 엄마는 웃었고 내 생각을 빠르게 일축했지만, 나는 계속 이에 대해 생각했다.

나는 성적끌림을 고작 몇 번밖에 경험하지 않았고, 그래서 회색무성애자라는 이름표로 정체화한다. 성적끌림을 느낄 때는 상대가 나와 강렬한 정서적 유대감을 형성한 경우다. 전혀 모르는 사람이나 방금 만난 사람에게서는 이런 끌림을 경험하지 않는다. 스스로의 정체성에 흐릿하고 불분명한 점이 많기 때문에, 때로는 이것을 이해하고 설명하기가 어렵다고 느낀다. 이 불확실성이 또한, 회색무성애자 정체성에서 내가 가장 좋아하는 지점인 것 같다. 사람에 따라 혹은 기분에 따라, 내가 매우 아끼는 사람에 대해 다르게 느낄 수 있다는 건 정말 멋지다고 생각한다. 일종의 계속되는 모험처럼.

---

38 이 용어를 대신해 쓸 수 있는 속이가 많이 있어요. 그레이에이섹슈얼(gray asexual)/그레이-에이(gray-a)/그레이스(grace)/그레이에이스(gray ace) 그리고 그레이에이로맨틱(gray aromantic)/그레이로(grayro).

39 엘리에 대해 더 알고 싶다면 여기로. http://bit.ly/2chC7lh

226

데미~(Demi-) 데미섹슈얼리티/데미로맨티시즘(Demisexuality/ romanticism)의 가장 흔한 정의는 <u>감정적 유대를 깊게 맺은 사람들에게만 끌림을 경험하는 사람</u>을 설명하는 지향성이라는 것이다.[40]

유명한 유튜버이자 트랜스이며 아주 재능 있는 음악가인 제프 밀러를 초대하여 데미 정체성으로 정체화하는 경험을 공유할게요.[41]

데미섹슈얼이자 데미로맨틱으로 산다는 건 내게, 어떤 이와 깊은 정서적 유대감이 만들어지기 전까지는 성적 혹은 로맨틱끌림을 경험하지 않음을 의미한다.

오랫동안 나는 친구들이나 동료들이 겪는 방식으로 끌림을 경험하지 않았기 때문에, 스스로가 고장난 것처럼 느껴졌다. 심지어 더 어렸을 때조차 나는 친구들이 죄다 무슨 수로 누군가에게 반하는 건지 이해하지 못했다. 소외된 것 같은 느낌이었다. 친구들이 이야기하고 느끼는 게 뭔지 알고 싶었다. 어떤 이들은 낯선 사람이나 잘 모르는 사람에게 반하지만, 종종 그 사람을 더 잘 알기 전까지 그러한 끌림에 따라 행동하지 않기로 결정하곤 한다.

나는 깊은 감정적 유대를 형성하기 전까지는 이런 끌림을 정말로 경험하지 않는다. 이건 선택의 문제가 아니다. 그런 유대감이 있기 전에는 끌림이 존재하지 않기에, 내 감정이 단지 그렇게 작동하는 거다. 나는 지금까지 내가 성적으로 끌림을 느꼈던 사람을 한손으로 셀 수 있다. 그리고 평생 동안 로맨틱하게 끌렸던 사람들은 두 손으로 다 셀 수 있다. 나에게 끌림은 정말 흔한 경험이 아니다. 내가 아는 것이라곤 이러한 정체성에 대해 알게 된 날, 무언가 깨달았다는 점이다. 스스로를 설명하는 단어들을 발견했고 외롭지 않았기에, 더 이상 잘못된 것 같은 느낌은 들지 않았다.

콰이섹슈얼/콰이로맨틱(Quoisexual/romantic) = WTF로맨틱 (WTFromantic) 이 정체성에는 다음과 같은 몇 가지 흔한 정의가 있다.

— 본인이 경험하는 끌림들 간의 차이를 구별할 수 없는 사람. (예 "제가 어쩌면 당신에게 로맨틱하게 끌리는 것 같은데요……, 근데 그냥 플라토닉 같기도 하고, 좋은 친구가 되고 싶은 건지 아니면 당신의 애인이고 싶은 건지 모르겠어요.")

— 자신이 끌림을 경험하는지 여부를 확신하지 못하는 사람. (예 "이게 성적으로 끌리는 감정일까? 아마 그렇겠지? 근데 아닐 수도 있어.")

— 로맨틱끌림이나 성적끌림이 자신과 관련 없다고 생각하는 사람. (예 "나는 이 느낌이 어떤 끌림인지가 혼란스러운 게 아니라, 그보다는 나에게 이해되는 방식으로 성적끌림이나 성적지향성을 적극적으로 정체화하지 않는 거예요.")

---

40 하지만 어떤 사람들은 데미섹슈얼/데미로맨틱이 그 사람이 오직 제한된 성적/로맨틱끌림을 느낀다는 의미라고 여깁니다.

41 제프에 대해 더 알고 싶다면 여기로. http://bit.ly/2c3glEf

제 친구 카이는 이러한 정체성들에 대한 경험을 다음과 같이 이야기해요.[42]

나는 콰이로맨틱(또는 WTF로맨틱)이라고 정체화한다. 나의 로맨틱지향이 오랫동안 수수께끼였기 때문이다. 꼬마일 적에는 디즈니 영화에 나오는 엄청나게 달콤한 로맨스를 좋아했지만, 나 빼고 다들 누군가에게 반하기 시작할 때 나는 그저 혼란스러웠고 홀로 남겨진 기분이었다. 내가 처음으로 '반한' 대상은, 모든 애들이 2년 전에 이미 좋아했던 인기 있는 남자아이였다. 이 감정을 행동으로 옮기기로 결심한 나는 쉬는 시간에 그에게 같이 놀자고 말했다. 그 애는 그럼 스파이게임을 하자고 했고, 난 그게 멋지다고 생각했다. 그 애가 내게 준 미션이 자기가 좋아하는 여자아이가 그를 좋아하는지 알아내는 거라고 말하기 전까지는. 이상하게도 질투심이 일거나 실망하지 않았다. 그저 그 게임이 정말 지루하다고 생각했고, 다음날부터 같이 놀 다른 아이를 찾았을 뿐이다.

살면서 누군가에게 반한 경험이 다섯 번 있는데, 대부분 같은 식으로 끝이 났다. 아무런 행동도 하지 않았는데, 결국 깨달은 건 단지 그들과 사이좋은 친구가 되고 싶었다는 거다. 이런 걸 보면 내가 진짜 그애들을 좋아하긴 했었는지 아니면 단지 로맨틱 관계에 대한 욕망을 투사한 건 아니었는지 궁금해진다.

고등학교 3학년 때 무성애에 대해 알게 됐다. 그때가 내 로맨틱지향성에 대해 질문하기 시작한 시기였다. 나는 내가 무성애자라는 걸 바로 알았지만, 무로맨틱인지는 그다지 분명하지 않았다. 너무 혼란스러웠기에 이 문제를 한동안 미뤄두었다. 여전히 로맨틱 관계를 갖는 것에 관심이 있었지만, 내가 로맨틱끌림을 겪은 적이 있는지 혹은 그게 대체 무슨 의미인지 알지 못했다. 다양한 에이로스펙(에이로맨틱스펙트럼) 정체성에 대한 조사를 하면서, 'WTF로맨틱'이라는 용어와 이 정체성으로 자신을 규정하는 수많은 사람을 발견했다. 비슷한 경험을 가진 이들과 연결될 수 있다는 건 때로는 혼란스러울 수 있지만 정말 도움이 많이 된다.

일부 에이스와 에이로 정체성들은 스펙트럼 위에서 한 곳 이상에 존재하기만 하는 것이 아니라 유동하거나 변화를 겪기도 합니다. 예를 들어볼게요.

에이스/에이로플럭스(Ace/aroflux) 이 지향성과 가장 흔하게 연결되는 정의 두 가지가 있다.

— 무성애적 스펙트럼(ace spectrum) 내에서 항상 존재하면서, 유동하는 지향성을 가짐. (⑩ 이러한 종류의 사람은 하루는 데미섹슈얼처럼 느끼다가 다른 날은 완전히 에이섹슈얼인 것 같을 수 있다.)

— 많은 끌림을 경험하는 것, 약간의 끌림을 경험하는 것 그리고 전혀 끌림을 겪지 않는 것 사이에서 유동하는 지향성을 가짐.

이렇게 해서 무성애와 에이로맨틱 섹션이 끝이 났어요. 다음 주제

---

42   카이에 대해 더 알고 싶다면 여기로. http://bit.ly/2cxDxWr

로 넘어가기 전에 강조하고 싶은 건, 이번 주제가 일반 대중에게 뿐 아니라 LGBTQIA+ 공동체 안에서조차 자주 매우 소외되고 오해되는 LGBTQIA+ 공동체의 한 부분이라는 사실이에요. 이를 확실히 하기 위해, 마지막으로 여러분이 다음과 같은 경험이 있는지 떠올려봤으면 좋겠어요.

- TV 쇼에서 그레이섹슈얼인 캐릭터를 본 적이 있다.
- 에이로맨틱 인물이 등장하는 책을 읽은 적이 있다.
- 여러분의 GSA(Gay-Straight Alliance, 게이-스트레이트 연합)에 에이스를 더 잘 포함시킬 방법을 논의한 적이 있다.
- 스트레이트인 친구에게 LGBTQIA+ 우산 속 무지개와도 같은 다양한 정체성에 대해 알려줄 때, 무성애 혹은 무로맨티시즘을 언급한 적이 있다.

아마 대부분의 대답은 이렇지 싶어요.

- "정말 TV에서 그레이인 캐릭터를 본 적은 한 번도 없네."
- "에이로맨틱 등장인물? 그런 게 있긴 한가?"
- "음, 무성애자 친구 쪽에서 말을 꺼낸 적이 한 번 있긴 해요."
- "……헉."

이렇게 안타까울 정도로 에이스와 에이로에 대한 재현이 부족하므로, 이들은 계속해서 적들로부터 공격을 받습니다. 예를 들어 다음과 같이 말이에요.

- 그들 지향성이 정당한지에 의문을 제기하는 사람들. (예 "음, 제 생각에 에이섹슈얼은 하나의 선택인 것 같아요. 아니면 그들은 그저 그들에게 맞는 제대로 된 파트너를 아직 찾지 못한 걸 거예요.")

- LGBTQIA+에 관한 대화와 공간에서 에이스와 에이로들을 제외하는 LGBTQIA+ 사람들. (예 "이 그룹은 퀴어들을 위한 거예요. 당신은 기본적으로 관계에 헌신하지 못하는 스트레이트일 뿐이잖아요.")

- 엄청나게 성적이고 로맨틱한 분위기로 점철되어 있는 사회에서 뭔가 잘못되고 헛헛하다고 느끼는 사람들. (예 "그냥 인정해요. 섹시한 사람을 빨리 만나야 해요! 그건 인간의 본성이라고요, DNA처럼!")

- 교정 치료. (예 "제 사촌도 호르몬 요법을 시작하기 전까지는 무성애자였어요. 당신도 해봐요! 아니면 치료를 받든지요.")

- 무례한 질문들. (예 "그럼 섹스를 해본 적이 없다는 거죠? 그러면, 음, 자위는 하나요?")

- 성적으로 수치심을 주는 언행 혹은 불감증이거나 내숭을 떤다는 등의 비난, 타인에게 이해심이 부족하다는 비난. (예 "로맨스는 원치 않지만 여전히 섹스는 하고 싶은 에이로맨틱이요? 헌신 없이 즐기려고만 하는, 무정하고 섹스에 미친 괴물이네요!")

- 대중 매체에서 심각한 재현의 부재. (예 "에이섹슈얼/에이로맨틱인 이들이 도대체 왜 재현되어야 한다는 거죠? 그들은 근본적으로 섹스나 연애를 하지 않는 모든 사람으로 재

현되고 있잖아요.")

많은 에이스와 에이로인 사람이 마주하는 일상적인 좌절은 쉽게 발견할 수 있어요. 이 공동체 안에 있는 다수의 가장 중요한 목표들 중 하나는, 그저 많은 이가 이 사람들의 정체성을 알아차리고 받아들이는 것이랍니다. 다시 말해, 이들은 인지되고 이해받기를 바라요.[43] 어쨌든 에이스와 에이로 사람들은 존재하며 그들의 정체성은 타당합니다. 이제 LGBTQIA+ 공동체가 이들을 포함시켜야 할 때이며, 모든 사람이 이러한 지향성에 대해 더 잘 알게 되어야 해요. 이게 바로 제가 이 책의 속편을 에이스와 에이로에 초점을 맞춰 구성한 이유예요. 지금으로서는 에이스와 에이로 공동체 안에서 좀 더 흔한 일부 정체성만을 다뤘다고 할 수 있어요.

더 많은 성적정체성과 로맨틱정체성

섹슈얼 그리고 로맨틱 다양성을 탐험하는 여행이 거의 마지막에 다다르고 있네요. 이제부터 나오는 정체성들은 우리가 마지막으로 다룰 여덟 가지 정체성이에요. 이 용어/지향성을 여기에 포함시킨 이유는 이들이 이 책의 다른 섹션들의 영역을 넘어서기 때문이에요. 일부 경우에는, 이 정체성들의 끌림 대상이 젠더가 아니에요. 그보다는 누군가가 표현되는 방식이나 성격과 같은 요소에 초점을 맞추고 있는 경우도 있습니다.

퀴어(Queer) 시스젠더가 아닌 혹은 헤테로가 아닌 모든 정체성을 설명하는 용어.

퀴어는 유달리 강력하고 무거운 이름표예요. 이 때문에 저는 다양한 사람이 이 용어를 쓰기를 왜 좋아하는지 혹은 왜 싫어하는지 알아보고 싶었어요. 찾은 것들을 정리해보면 다음과 같아요.

  퀴어라는 용어를 사용하는 이유
* '퀴어'라는 말을 되찾는 일은 많은 LGBTQIA+ 사람에게 힘을 실어주는 경험이었다. 이 말을 쓰는 사람들은 이 단어에 대한 소유권을 가졌다고 느끼며, 이 말이 이전에 갖고 있던 악의적인 힘을 단어로부터 제거한다.

---

43 이에 대해 더 자세히 알고 싶은 분들은 크리스틴 루소의 비디오를 살펴보세요. http://bit.ly/1O480Ya 이 주제를 다루고 있고 에이섹슈얼리티를 처음 접하는 이들을 위한 훌륭한 정보를 제공하고 있답니다.

234

- 이 이름표에 담긴 모호함 그리고/혹은 유동성을 선호하기 때문.
- 단순히 이 단어가 쓰기에 짧고 쉬워서.
- 몇몇 사람은 '퀴어'가 가장 광범위한 포괄적 용어 중 하나라는 것에 찬사를 보낸다. 그들은 이 단어가 각자가 계속해서 자신의 구체적인 이름표로 자율성을 지키도록 하면서도 LGBTQIA+ 사람들을 하나의 이름 아래 통합시킨다고 느낀다.
- '퀴어'는 다른 많은 LGBTQIA+ 이름표들보다 더 정치적일 수 있다. 어떤 이들은 이 단어가 그들의 정치적 그리고 사회적 목표들에 관하여 함축할 수 있는 면 때문에 이 용어를 좋아한다.

퀴어라는 용어를 사용하지 않는 이유
- 이 단어가 LGBTQIA+ 사람들을 경멸하고 아프게 하는 모욕적인 말로서의 오랜 역사를 갖고 있기 때문. 비록 공동체의 많은 구성원이 최근 이 말을 되찾기로 했지만 누군가에게는 여전히 이 말이 혐오의 의미로 다가간다. 이러한 이유 때문에 이 단어로 정체화하기를 불편해하는 사람들이 있다.
- '퀴어'라는 단어에 개인적으로 문제를 갖고 있지는 않은 사람들도, 그 말이 어떤 이들에게는 고통스러운 기억과 감정을 불러일으키는 힘이 있다는 것을 인지하고 있다. 때문에 그들의 용어집에서 '퀴어'라는 단어를 삭제하는 것이 어떤 이들에게 도움이 된다면 기꺼이 그렇게 해야 한다고

느낀다.

- 몇몇은 '퀴어'가 무척 배타적인 용어라고 생각한다. 퀴어가 LGBTQIA+ 공동체를 위한 포괄적 용어로 사용될 때마다 퀴어로 정체화하지 않는 이들이 소외되기 때문이다.
- '퀴어'라는 말과 종종 연관되는 정치적이고 급진적인 어감을 좋아하지 않는 사람들도 있다.

개인적으로 저는 퀴어라는 말에 강한 애착을 갖고 있으며, 이 용어를 주장하기 위해서라면 그 어떤 이유라도 환영해요. 이건 제가 오랫동안 이 이름표를 두려워했기 때문이에요. 처음에는 이 단어가 사람들에게 상처를 안겨준 긴 역사를 모른 척하기 힘들었고 한동안 내게 이 말을 사용할 권리가 있는지 의심했죠. 그 공동체에 충분히 속해 있는지, 충분한 시간 동안 애써왔는지, 제가 '충분히 게이'인지 의문이 들었어요. 마침내 이 이름표를 받아들이기로 하자 많은 이가 그랬듯이, 강력해지고 해방된 기분이었어요. 저는 열성적으로, 또한 거의 오직 이 단어만을 사용했어요.

저는 다른 사람들을 설명하는 데에도 이 말을 썼어요. 그들에게 허락을 구하지 않고 말이에요. 모든 사람이 이 단어가 적합하다고 생각하지는 않는다는 것을 알게 되었을 때, 처음에는 바꾸기가 망설여졌어요. 실은 이 책의 집필을 시작하고 나서도 여전히 '퀴어'와 'LGBTQIA+'를 번갈아 쓰고 있었어요. 그것이 어떤 이들에게는 불편하고 억압된 감정을 불러일으킬 수 있다는 것을 알았지만, 제가 퀴어라는 이름표에 워낙 친밀함을 느끼다 보니 그 말을 포기하기 힘들었죠. 몇 달간 곰곰이 생각한 끝에 깨달았어요. '퀴어'라는 말을 써서 그 공동체 전체를 포함한 타인들을 설명하는 것은, 모든 사람이 안전하고 소속된 것 같은 기분을 느끼게 하고 싶어서 희생한 부분이었다는 걸요.

하지만 전 스스로를 퀴어라고 부를 거예요. 온종일! 퀴어는 제가 가장 좋아하는 수식어이고, 제 섹슈얼리티와 젠더에 대해 느끼는 모든 것을 구체화하며, 이 말을 사용할 때 엄청 뿌듯하고 자긍심을 느끼니까요!

리시프~(Recip-) 어떤 이가 당신에게 끌린다는 것을 안 후에야 비로소 그 사람에게 끌림을 느끼는 것. (㉠ 당신이 리시프 로맨틱이라면, 누군가 당신에게 반했다는 걸 안 뒤에 그를 좋아하는 감정이 생길 것이다.)

오토~(Auto-) 오토섹슈얼리티/오토로맨티시즘(Autosexuality/romanticism)'은 말 그대로 '스스로에게 끌림'이 되지만, 다음과 같이 여러 가지로 해석되는 경우가 있다.

— 성적/로맨틱한 끌림을 스스로에게 느낄 수 있음. 종종 자기중심적이거나 자기도취적이라고 오해되지만, 오토 섹슈얼/오토로맨틱인 사람들이 스스로에게 느끼는 끌림은 깊은 자기 성찰과 사랑에서 나오는 경우가 많다. 오토섹슈얼/오토로맨틱인 사람들 중에는 자신과 연애하는 사람도 있다.

— 타인과의 성적 행위를 욕망하지 않지만 본인과는 여전히 성적으로 친밀한 행위를 즐김. 예를 들면 자위. 이 행동/욕구는 다른 여러 정체성/지향성에도 속할 수 있으며, 오토섹슈얼리티/오토로맨티시즘에게만 한정되지

않는다. 또 다른 모든 이름표와 마찬가지로, 이 용어가 당신을 설명한다 하더라도 이를 정체화하는 것이 옳다고 느껴질 경우에만 사용하면 된다.

안드로진~(Androgyne-) 안드로진섹슈얼/안드로진로맨틱(Androgynesexual/romantic)인 사람은 안드로지니, 즉 안드로진인 사람에게 끌림을 느낀다.[44]

퀘스처닝(Questioning) 퀘스처닝인 사람은 스스로의 성적/로맨틱지향성 혹은 젠더정체성에 대해 확신하지 못한다. 본인의 정체성을 탐험하고 발견하는 과정에 있을 수 있으며, 또는 모르는 것에 만족하고 있을 수도 있다. 사람은 짧은 기간에서 전 생애에 이르기까지, 다양한 시간 동안 퀘스처닝인 상태일 수 있다.[45]

워마~(Woma-)/진~(Gyne-) 워마섹슈얼리티/워마로맨티시즘(Womasexuality/romanticism) 그리고 진섹슈얼리티/진로맨티시즘(Gynesexuality/romanticism)은 여성(woman) 혹은 여성성에 끌림을 의미한다.

---

44   '앞에 나오지 않았던가?' 하고 머리를 긁적이는 분들께. 158-162쪽에서 젠더와 표현에 관한 용어 '안드로진'과 '안드로지너스'를 살펴보았어요.

45   섹슈얼/젠더 다양성에 관한 책을 내면서도 여전히 하루가 멀다 하고 제 정체성의 아주 미세한 부분에까지 의문을 품고 있는 절 보세요!

이 용어는 본래 논바이너리를 위해 만들어졌습니다. 많은 사람이 이 이름표를 선호하는데, 그 이유는 '레즈비언'이나 '스트레이트' 와 달리 이 용어가 그들의 젠더에 대한 잘못된 정보를 함축하고 있지 않기 때문이에요. (⑩ 우선적으로 여성에게 끌리는 바이젠더 는 스스로를 워마/진섹슈얼이라고 생각할 거예요.)

이 지향성들에 대해서 주의해야 할 중요한 사항들은 다음 과 같아요.

- 진섹슈얼은 종종 오로지 여성의 질에 끌리는 현상을 설명 할 때 쓰인다. 비록 누군가가 이 단어로 정체화하는 의도가 그것이 아니더라도, 많은 사람은 '진'이 아직도 생식기와 강한 연관이 있다고 느낀다. 이로 인해, 어떤 이들은 이 용 어가 트랜스 여성을 배제한다고 비판한다.
- '워마'는 더욱 포괄적인 대안을 위해 생겨난 말이다.

마~(Ma-)/안드로~(Andro-) 마섹슈얼리티(Masexuality) = 안 드로섹슈얼리티(Androsexuality), 마로맨티시즘(Maro-manticism) = 안드로로맨티시즘(Androromanticism)은 남성(men) 혹은 남성성에 끌림을 의미한다.

- ▪ 「스타워즈」에 나오는 휴머노이드 로봇 캐릭터.
- ▪▪ 소설 속 주인공 로봇 이름.
- ▪▪▪ 로빈 윌리엄스는 영화 「바이센테니얼 맨(Bicentennial Man)」에서 NDR-114(혹은 애칭 앤드루)라 불리는 가사 로봇을 연기했다. 다른 로봇과는 다르게 감정을 갖고 있 으며 호기심이 풍부하다.

이 용어들 역시 기존의 '게이' '스트레이트'와 같이, 모노섹슈얼 이름표들이 젠더에 관한 정확하지 않은 정보를 담고 있다고 느끼는 논바이너리 사람들을 위해서 만들어졌습니다.

이 지향성들에 대해 주의해야 할 중요한 사항들은 다음과 같아요.

- 안드로섹슈얼은 종종 오로지 남성의 음경에 끌리는 현상을 설명할 때 쓰인다. 비록 누군가가 이 단어로 정체화하는 의도가 그것이 아니더라도, 많은 사람은 '안드로'가 여전히 생식기와 강한 연관이 있다고 느낀다. 이로 인해, 어떤 이들은 이 용어가 트랜스 남성을 배제한다고 비판한다.
- '마'는 더욱 포괄적인 대안을 위해 생겨난 말이다.

만약 이 정체성으로 정체화하는 사람을 만나본 적이 없다면, 오늘이 바로 여러분의 행운의 날이네요! 조쉬가 여러분에게 왜 자신이 '안드로섹슈얼'을 이름표로 선택했는지 얘기해줄 거예요.[46]

내 이름은 조쉬, 스무 살이고 작가이며, 안드로섹슈얼이기도 하다. 그렇다고 해서 C3PO■나 SF 소설 『양자인간(The Positronic Man)』에 나오는 NDR-113■■을 갖고 있지는 않다.(비록 로빈 윌리엄스의 밝은 영혼은 누구라도 무릎에 힘이 빠지게 만들고 마음을 따뜻하게 하기에 충분하지만.■) 이건 내가 남자에게 끌린다는 뜻이다. 내가 여전히 남성이라고 정체화한다면 아마도 정

---

46   조쉬에 대해 더 알고 싶다면 여기로. http://bit.ly/2bWt8C4

열적인 호모섹슈얼이겠지만, 그건 내가 발견할 수 있었던 가장 정확한 이름표와는 거리가 멀다. 당신이 에이젠더나 젠더플루이드 혹은 젠더바이너리의 바깥에 있는 정체성을 갖고 있다면 '호모섹슈얼'은 별로 맞지 않을 것이다. 심지어 그건 꽤 제한적일 수 있다. 마치 몸에 맞지 않는 점퍼나 몇 치수 작은 유니폼을 입을 때처럼.

또 나는 남자에게 끌린다고 말했고 그건 거짓말이 아니지만, 완전히 사실도 아니다. 내가 매력을 느끼는 건 남성성인데 그건 생식기와 무관하게 남성, 여성, 논바이너리, 트랜스 상관없이 누구에게서나 발견할 수 있다. '호모섹슈얼'이나 '게이' 대신에 '안드로섹슈얼'을 취함으로써 젠더와 섹슈얼리티가 얼마나 복잡한지 그리고 그것이 내가 한때 생각했던 것보다 어떻게 훨씬 더 미묘한 차이가 있는지 받아들이고 인지한다고 느낀다. 나는 이걸 절대로 잊지 않으려 애쓰고 있다.

저는 안드로/마와 진/워마를 '젠더 하나에 끌림'으로 분류할지 아니면 '젠더 다수에 끌림'에 분류할지 확신할 수 없었어요. 이게 까다로운 이유는 이 분류가 개인의 끌림들의 범위가 얼마나 넓은지에 달려 있기 때문이에요. 한 예로, 누군가가 마/안드로섹슈얼이고 오직 남성(men)에게만 끌린다면, 그는 아마도 스스로를 모노섹슈얼이라고 여길 거예요. 하지만, 그 사람이 마/안드로섹슈얼이면서 단순히 남성성에 끌린다면 멀티섹슈얼 범주에 포함시킬 수 있고 그는 남성적인 남자, 남성적인 여자, 남성적인 논바이너리, 또는 남성적인 누구에게든 매력을 느낀다고 볼 수 있어요. 결국 모든 것은 그 사람이 어떠한 이름표에 (만약 있다면) 소속감을 느

끼느냐에 달려 있는 거죠.[47]

세임젠더러빙(Same gender loving, SGL)   이 정체성은 흑인 LGBTQIA+ 개인들을 지칭한다. 이 정체성은 1990년대에 LGBTQIA+ 공동체에서 흑인 문화와 역사, 존재와 함께하고 이들을 긍정하기 위한 노력으로 만들어졌다.

왜 스스로를 SGL이라고 설명하게 되었는지, 마르퀴스의 이야기를 들어볼게요.[48]

일반적으로 나는 스스로를 게이 남자라고 정체화하지만, 'SGL'이라는 포괄적 용어에 고마운 마음을 갖고 있다. 너무나 자주 우리는, 게이가 아닌 사람들(바이, 판, 에이스 등)을 고려치 않고 우리 공동체의 모든 서사를 오직 게이 이야기로만 채우려 한다. 이것이 내가 퀴어, SGL과 같은 포괄적 용어를 선호하는 이유다. 이용어들은 더 포괄적이다. 또한 세상에는 '게이'라는 말이 좀 더 취약한 정체성들을 소외시킨 역사에서 유래하기 때문에 SGL 설명어를 취하는 사람들이 있다고 알고 있다. 그들은 SGL을 더 편안하게 느끼며 나 역시 전적으로 동의한다.

SGL로 산다는 것은 흥미로우면서 복잡한 경험이다. 나는 호모

---

47   이 책에서 반복되는 주제가 바로, 많은 정체성이 불안정하고도 복잡하다는 것임을 이미 알아차리셨을 거예요. 그것들을 정의하고 정리하는 "하나의 올바른 방법"이란 존재하지 않기 때문에 그렇게 하는 건 큰 도전이죠.

48   마르퀴스에 대해 더 알고 싶다면 여기로. http://bit.ly/2cGs4o7

섹슈얼리티가 혼자서 동떨어진 정체성이라고 보지 않는다. 내가 흑인 시스 남성이라는 사실과 이 정체성이 어떻게 교차하는지도 생각해야 한다. 전통적인 믿음은 우리가 많은 가치를 한꺼번에 지켜야 한다고 하지만, 내게는 뚜렷하고 특별한 가치 하나를 지키는 것이 더 중요하게 느껴진다. 나는 흑인 해방과 권리 강화를 강력하게 옹호하지만, 또한 그 과정에서 SGL인 개인으로서의 정체성이 존중받고 고려되는 것 역시 보장되어야 한다.

나의 경우 퀴어/LGBTQIA+ 공간에서 길을 찾기가 꽤 복잡한데, 특히 이 공간을 떠받치고 있는 서사와 경험들이 아주 많이, 백인 시스 (특히 남성) 중심이기 때문이다. 이게 '기본값'으로 여겨지는 것이다. 그래서 게이 남성으로서의 자율성이 흑인 공간들에서 존중받고 보장받도록 하는 일뿐 아니라, SGL 공간들에서도 같은 노력을 해야 한다.(불행히도 실제로 자주 성공하지는 못하지만.)

개인적인 목표는 흑인, 퀴어, 트랜스인 사람들의 경험들에 집중하는 것이고, 나는 여기에서 가장 안전하고 편안하게 힘을 얻는다고 느낀다.

스스로를 칭찬해주세요. 지금까지 여러분은 엄청난 양의 정보를 흡수했을 테니까요. 정확히 말하자면 80가지 정체성을 알게 됐어요. 아마 정보가 가득 채워져 버겁다고 느끼실 거예요. 그러니 여기서 잠시 멈추고, 짧게 쉬면서 생각해보기로 해요.

지금까지 다룬 것들을 스스로를 분석하는 데 적용해볼까요. 스스로에게 물어보세요. 지금까지 나온 단어 중에 여러분을 놀라게 한 말이 있었나요?

지금까지 나온 말들 중에 스스로에게 시험해보고 싶은 걸 발견했나요? 확실히 여러분에게 맞지 않는다고 생각한 단어가 있었나요? 여전히 스스로를 알아내는 과정 중에 있다면, 펜을 들어 다음 질문들에 대답해보기를 권해요.

- 당신의 성적끌림과 로맨틱끌림은 완전하게 서로 일치하나요?
- (끌림을 느낀다면) 어떤 젠더(들)에게 끌림을 느끼나요?
- 얼마나 강하게 끌림을 경험하나요?
- 얼마나 자주/강렬하게 끌림이 변화하나요?
- 현재 당신의 정체성에 대해 의문을 가지고 있는 점이 있나요?
- 다룬 단어 중에 당신의 지향성에 맞을 수도 있을 것 같은 말들이 있나요?

맺으며

솔직히 말하자면 이 결론을 쓰기가 무척 두려워요. 결론을 쓴다는 건 이 책에 나오는 이야기 수집, 글쓰기, 조사하기, 고쳐 쓰기, 편집하기, 사실 확인하기, 그리고 더 많은 다시 쓰기가 끝이 난다는 뜻이기 때문이죠. 지금은 2016년 8월 28일 오후 11시 42분이고 두렵지만 최종 원고를 편집자에게 넘기기 직전이에요. 지금 이 원고는 완벽함과는 거리가 멀지만, 제가 해야 할 일은 숨을 크게 쉬고 완벽이란 없음을 받아들이는 거예요. 성적정체성과 젠더정체성에 대한 우리의 언어와 이해가 끊임없이 또 너무 빠르게 변화하는지라, 이러한 프로젝트가 "올바른 이해를 돕는다"라고는 절대 단언할 수 없어요.

그렇지만 이게 그렇게 나쁜 문제인 건 아니에요. 사실 꽤 멋진 일이랍니다! 언어와 이해가 변화한다는 건, 사람들이 계속해서 다른 이들을 확인하고 인정하기 위해 끊임없이 새로운 단어를 만들어내고 있다는 뜻이지요. 일단 이러한 정체성 용어들이 만들어지면, 이 말들과 연관되어 이를 설명하기 위해 사용되는 언어는 의미를 포괄적으로 유지하고 쓰임을 편하게 하기 위해 여러 차례 바뀌고 조정됩니다. 참으로 기쁜 일이죠. 젠더와 성적 다양성에 대한 탐험은 끝이 없는 모험일 수 있지만, 우리는 앞으로 나아가고 있어요. 정말이지 신나는 일이에요.

책의 훌륭한 에디터 크리스틴 루소는 이 결론을 읽고 이런 질문을 던졌어요. 모든 것이 항상 변화한다면, 어째서 책을 쓰냐고요. 많은 독자가 아마도 같은 질문을 할 거라고 생각하고, 참 중요한 질문이라고 봐요. 네. 아마 몇 년 안에 이 책은 시대에 뒤처지거나 무의미한 게 될 지도 몰라요. 그렇지만 이 글이 어떠한 식으로든 유용한 교육 자료가 되거나 누군가가 자신의 정체성을 알아가는 데에 꼭 필요한 도움이 언제라도 될 수만 있다면, 이 작업은 제게 의미 있는 일이 될 거예요.

또한 바라건대 이 책이 토론을 촉발할 수 있으면 좋겠어요. 아마도 용어를 설명하는 제 방식에 동의하지 않고 더 나은 방향을 찾는 분도 계실 거예요. 그렇게 된다면 용어에 대한 보다 깊은 분석과 논의로 이어질 것이고, 그 덕분에 훨씬 알맞고 더욱 폭넓은 정의가 탄생할 거라고 봐요. 저는 이 책이 그저 어떤 정체성의 궁극적인 설명을 위한 디딤돌이 될 수 있다면 그것만으로도 행복하답니다.

마지막으로, 이 엄청난 양의 정보를 소화했으니 여러분이 이를 통해 무엇을 했으면 하는지에 대해서 이야기해봅시다.

단순한 대답은, 최선을 다하라는 거예요. 이 많은 용어를 처음으로 들었을 때를 기억합니다. 제가 각 단어를 이해하고 기억해서 사용하는 게 쉬웠다고 말할 수 있다면 좋겠지만, 그건 새빨간 거짓말일 거예요. 이것들을 배울 때 걷잡을 수 없을 정도로 혼란스러운 순간들이 셀 수 없이 많았어요. 때로는 이러한 이름표와 개념들 몇 가지를 완전하게 파악하는 데에만 몇 주, 몇 개월, 심지어는 여러 해가 걸리기도 했지요.

만약 여러분이 지금 이렇게, 즉 압도된 것 같고 혼란스럽고 뭔가 잊어버리거나 실수를 할까 두렵다고 느끼고 있거나 느낀 적이 있다면, 그건 당연하답니다. 여러분이 이러한 용어를 접하는 즉시 완벽하게 이해할 거라고 기대하거나, 나무랄 데 없는 앨라이나 LGBTQIA+ 공동체의 구성원이 되리라고 기대하는 사람은 아무도 없어요. 사실 약간의 실수를 하게 되는 건 어쩔 수 없는 일이죠. 중요한 건 여러분이 실수를 통해 배우고, 실수가 발생했을 때

사과하며, 계속해서 적극적으로 듣고 스스로 배우려 애쓰는 것이랍니다. 이거야말로 여러분에게 요청되는 일일 거예요.

더불어, 이 책을 읽으며 관점을 넓히고자 시간을 할애해주신 독자 여러분께 정말 감사드리고 싶어요. 어떻게 마무리를 해야 할지 모르겠어서, 그냥 모두에게 작별 인사를 하려고 해요. 평소 유튜브 영상을 마무리 지을 때 하던 대로 인사를 할게요.

모두들 안녕!

감사한 분들

- Lindsey Doe https://www.youtube.com/user/sex planations
- Ashley Wylde https://www.youtube.com/user/Ashleys WyldeLife
- Moti Lieberman from https://www.youtube.com/user/the lingspace
- Josh from https://www.youtube.com/c/themadhouse official
- Douglas from https://twitter.com/book13worm
- Emily Miller, my best friend from my real life.

책에 도움을 준 인물·자료·단체 관련 사이트

- TSER http://www.transstudent.org
- Eli Erlick http://www.elierlick.com
- Gender Spectrum http://www.genderspectrum.org
- 젠더북 http://www.thegenderbook.com
- Everyone is Gay http://everyoneisgay.com
- Vesper http://queerascat.tumblr.com
- Camille http://www.gaywrites.org
- Emily http://emilord.com
- Riley http://www.youtube.com/c/RileyJayDennis
- Pidgeon http://www.pidgeonismy.name
- Micah http://neutrois.me

- ■ http://acetage.com
- ■■ http://blog.naver.com/gender_voyager
- ∎▪ http://cafe.naver.com/dolearndorun

옮긴이 후기

좋은 책에 대한 관심으로 시작한 『LGBT+ 첫걸음』 번역을 통해 아는 사람들, 알지 못하는 사람들 그리고 스스로를 더욱 넓고 깊게 만날 수 있게 되었습니다. 애슐리의 열정과 친근한 어투를 최대한 살리기 위해 부족한 능력을 다해 노력한 시간이 스쳐갑니다. 이 책을 마주하는 모든 독자가 LGBT+에 대한 궁금증을 해소하는 데 조금이나마 도움을 얻는다면, 그리하여 각자의 세계가 넓어진다면 더 바랄 나위 없겠습니다.

이처럼 알차고 필요한 책을 번역할 수 있게 장을 열어주시고 신뢰를 주신 봄알람 관계자분들께 마음 깊이 감사하다는 말을 전하고 싶습니다.

또한, 정체성 용어들의 바다 한가운데서 헤엄치던 저희와 함께 머리를 모아주신 세 자문팀, 무성애 가시화를 위해 활동하는 무:대(ACEtage),[•] 성별이분법에 저항하는 사람들의 모임인 여행자,[••] 사람을 생각하는 인권 법률 공동체 두런두런[•••] 여러분께 진심을 담아 감사 인사를 드립니다. 이분들의 도움으로 좁은 식견을 넓힐 수 있었고, 번역어를 선택할 때 미처 고려치 못한 부분에서 큰 도움을 받았습니다. 모든 번역의 최종적인 결정은 세 번역자가 하였으며 부족한 부분에 대한 책임 역시도 저희에게 있습니다.

마지막으로, 이 책의 탄생과 성장, 마무리 과정을 마음으로 지켜보아준 미나, 은재, 효연의 소중한 이들에게 사랑과 고마움을 아낌없이 전합니다.

2017년 11월
번역팀 이르다 일동

찾아보기

LGBT+ 첫걸음

1판 1쇄 발행	2017년 12월 1일
1판 2쇄 발행	2022년 8월 18일
지은이	애슐리 마델
옮긴이	팀 이르다
디자인	우유니
편집	이두루
홍보	김혜수
펴낸곳	봄알람
출판등록	2016년 7월 13일 2021-000006호
전자우편	we@baumealame.com
인스타그램	@baumealame
트위터	@baumealame
홈페이지	baumealame.com
ISBN	979-11-958579-6-8 03300